BIBLIOTHEQUE
UNIVERSELLE
DES DAMES.
Première Claſſe :
VOYAGES.

Il paroît tous les mois deux Volumes de cette Bibliothèque. On les délivre soit brochés, soit reliés en veau fauve ou écaillé, & dorés sur tranche, ainsi qu'avec ou sans le nom de chaque Soufcripteur imprimé au frontispice de chaque volume.

La foufcription pour les 24 vol. reliés eft de 72 liv., & de 54 liv. pour les volumes brochés.

Les Soufcripteurs de Province, auxquels on ne peut les envoyer par la pofte que brochés, payeront de plus 7 liv. 4 f. à caufe des frais de pofte.

Il faut s'adreffer à M. CUCHET, Libraire, rue & hôtel Serpente, à Paris.

BIBLIOTHEQUE
UNIVERSELLE
DES DAMES.
VOYAGES.
TOME QUINZIÈME.

A PARIS,

Rue et hôtel Serpente.

Avec Approbation & Privilège du Roi.

1789.

BIBLIOTHEQUE
UNIVERSELLE
DES DAMES.
VOYAGES.
LETTRE CCVIII.

De Moka.

L'ARABIE, Madame, présente des difficultés sans nombre à ceux des voyageurs qui veulent la parcourir. Ici, ce sont des déserts arides, des sables brûlans, des vents empoisonnés ; là des habitans inquiets, soupçonneux, avides & brigands. Tels sont les dangers dont ce pays menace les curieux. Cependant il est possible de les éviter; & de même que la prudence invite ceux qui ont dessein de le connoître, à s'éloigner des endroits où la mort est presque certaine; elle leur prescrit aussi d'attendre, pour visiter les villes célèbres de l'Arabie, les caravannes nombreuses qui s'offrent dans plusieurs saisons de l'année. D'ailleurs il ne faut pas juger de cette nation par le tableau que nous en ont laissé quelques voyageurs effrayés. Ces historiens, trompés par leurs craintes, nous représentent tous les Arabes comme des gens sans mœurs & livrés à toutes sortes de brigandage; mais c'est prendre la partie pour le tout, & ce seroit supposer à tous les habidans d'un vaste empire les mœurs d'une province particulière. Je me suis donc gardé de vouloir reconnoître par moi-même toute l'Arabie ; je me suis informé avant que d'en visiter quelques endroits renommés, si la paix étoit cimentée entre les habitans, & alors je me suis associé à des caravannes capables de résister à l'attaque des voleurs. Mais comme je m'éloignerois de mon but dans la relation de ce voyage, si je ne vous faisois part que de mes observations particulières, j'y joindrai celles qui m'ont été communiquées soit par des étrangers instruits, soit par les habitans eux-mêmes, à la faveur de quelques mots Arabes dont j'ai eu soin de me précautionner. Car les Arabes, bien différens de nos peuples d'Europe, ont l'excellente coutume de chercher à aider un étranger qui veut parler leur langue, & de ne jamais s'en mocquer, s'il s'exprime mal.

La presqu'île de l'Arabie est bornée au couchant par le golfe de ce nom, ou autrement la mer Rouge, au midi & au levant par l'Océan, au nord-est par le golfe Persique. Son étendue qui est d'environ cinq cens lieues du septentrion au midi, & d'environ quatre cens d'orient en occident, renferme plusieurs grandes provinces telle que l'Yemen, l'Hadramant, l'Omân, le Lascha, le Nedsjed, l'Hedsjas &

quelques autres petites contrées limitrophes. Chacune de ces provinces renferme aussi plusieurs états indépendans. Les montagnes sont nombreuses en Arabie. On y distingue entr'autres l'Horeb ou le Sinaï, si célèbre par l'entrevue que Moïse eut avec l'Eternel.

Le climat diffère en Arabie suivant la diverse situation des lieux qui composent cette presqu'île. Dans les montagnes de l'Yemen, on a une saison réglée de pluie qui dure depuis la mi-juin jusqu'à la fin de septembre. Ces pluies salutaires arrivent lorsque les chaleurs sont dans leur plus grande force; aussi sont-elles reçues avec allégresse par les habitans. Le ciel pendant tous les autres mois de l'année est presque toujours serein & sans nuages. Mais cette heureuse température n'est pas la même dans toutes les provinces de l'Arabie : elle y varie soit à raison de la distance des lieues, soit à raison de l'inégalité des plaines & des montagnes.

Le pays d'Yemen est entouré du golfe de l'Arabie, de l'Hadramant, du Nedsjed & de l'Hedsjas. La nature semble l'avoir divisé en deux parties. Celle qui touche au golfe est la partie basse & se nomme Tehama. L'autre est fort élevée; les Arabes l'appellent Djabbas, c'est-à-dire, contrée montagneuse. Le pays d'Yemen, ainsi que plusieurs provinces de l'Arabie, renferme plusieurs princes indépendans qui se nuisent réciproquement, & empêchent le commerce de prendre une étendue aussi considérable que celle qu'il devroit avoir, si la province étoit régie par un seul prince & par les mêmes loix. Ce sont ces divisions & ces guerres intestines qui donnent lieu dans l'Arabie aux fréquens brigandages dont se plaignent avec raison les Européens.

Je ne vous décrirai point, Madame, méthodiquement les différens domaines enclavés dans cette province. La plupart d'entr'eux sont trop peu considérables, pour mériter une description particulière. Le principal de ces districts porte le nom de la province, & c'est le domaine d'un prince qui réside à Sana.

La partie de cette province que l'on distingue par la dénomination d'Yemen proprement dit à quarante-huit lieues de longueur; sa largeur moyenne est de vingt lieues. On nomme vulgairement Iman celui qui gouverne cette partie de l'Yemen, parce qu'il remplit les fonctions d'un Iman dans la mosquée, dans le tems des prières publiques. On l'appelle aussi Calife ou prince des fidèles.

Les habitans de l'Yemen sont presque tous Mahométans. Cependant il se trouve encore plusieurs chrétiens Abissins dans les ports de l'Yemen, où ils jouissent du libre exercice de leur religion. On compte encore beaucoup de familles juives dans le domaine de ce Calife, quoique le nombre ait toujours été en diminuant depuis que cette nation est courbée sous le joug des Mahométans. J'ai vu aussi dans toutes les grandes villes de cette partie de l'Arabie des Banians ou payens de l'Inde; mais on peut les regarder comme des étrangers, parce qu'ils ne s'y rendent que dans l'intention de chercher fortune, soit par le commerce, soit par d'autres talens, & qu'ils retournent dans leur patrie, dès que le succès a couronné leurs entreprises.

L'Hadramant est un pays très-étendu. Il est borné à l'ouest par l'Yemen, au sud-est par l'Océan, au nord-est par l'Oman & au nord par un grand désert. Ce pays renferme des contrées montagneuses très-fertiles, mais il contient aussi beaucoup de terres désertes & arides.

L'Hadramant & l'Yemen formoient anciennement l'Arabie heureuse. Mais depuis que les peuples du nord ont étendu leur navigation, l'Arabie méridionale n'est plus ni aussi riche ni aussi célèbre qu'elle l'étoit auparavant. Il y a dans ce pays plusieurs districts gouvernés par des seigneurs indépendans.

L'Océan borne le pays d'Oman du côté de l'est ; cette province est bornée au nord par le golphe Persique, à l'ouest & au sud par de vastes déserts. L'Oman est montueux & divisé entre plusieurs petits princes indépendans, parmi lesquels l'Imam d'Oman est le plus considérable. On donne le nom de Schechs à tous les autres petits souverains de cette contrée.

Vous avez vu dans le voyage de Perse que presque tous les ports du golfe Persique propres à la navigation appartenoient à diverses tribus Arabes. Ces tribus forment autant d'états indépendans gouvernés par des Schechs auxquels les habitans ne doivent presque aucune redevance. Ces Schechs sont obligés de nourrir leurs familles de leurs propres revenus; leur autorité même est très-incertaine; car si les principaux sujets sont mécontens du Schech qui règne, ils en élisent un autre qu'ils prennent ordinairement dans la même famille. Parmi le grand nombre des tribus Arabes indépendantes qui habitent le long du golfe Persique, il n'y en a presque pas une qui vive en paix avec les autres. En tems de guerre tous leurs bâtimens deviennent vaisseaux de ligne. Mais comme la plupart de ces bâtimens, au lieu de chercher l'ennemi, sont souvent forcés de s'arrêter pour pêcher, afin d'appaiser la faim des combattans, il arrive rarement aux Arabes d'en venir à une bataille décisive, ce qui éternife les guerres parmi les tribus. Au furplus la manière de vivre de tous ces Arabes eft uniforme. Ils ne fubfiftent pour la plupart que par le commerce maritime, par la pêche des perles & par celle des poiffons. Ils font zélés défenfeurs de leur liberté, & ennemis nés des Perfans. Leurs habitations font fi miférables que l'ennemi dédaigneroit de les démolir. Auffi les habitans des villes & des villages, à l'approche d'une armée Perfanne, s'embarquent fur de petits bâtimens & fe tiennent cachés dans quelques îles du golfe jufqu'à ce que les ennemis fe foient retirés. Car ils font perfuadés que les Perfans ne s'établiront jamais sur une côte où ils seroient sans cesse harcelés par tous les Arabes.

La province de Lachsa étoit autrefois une province de l'empire Turc ; mais il y a déjà long tems que les Arabes en ont chassé les Pachas. On trouve cependant encore dans cette contrée quelques familles Turques qui prétendent descendre de ces anciens Pachas & qui se distinguent toujours des Arabes par l'habillement Turc qu'elles ont conservé. Ces familles possèdent aussi des terres considérables, mais elles n'ont aucune part au gouvernement. Toute la province relève de la tribu Beni-Khaled, une des plus puissantes tribus Arabes. Lachsa est la résidence du

Schech règnant. C'est une ville grande, assez bien bâtie, mais la seule de cette province qui mérite une mention particulière.

J'ignore si l'on trouve d'autres villes importantes dans la province de Nedsjed : car, quoique les Arabes du Nedsjed ne soient pas plus inhumains ni moins hospitaliers envers les étrangers que le reste de leur nation, cependant comme cette contrée est peuplée de petits états indépendans dont les Schechs se font mutuellement une guerre éternelle, les voyageurs y trouvent peu de sûreté & y sont continuellement exposés à être dépouillés. On dit que cette province est fertile en toutes sortes de fruits &

sur-tout en dattes. Cependant on y trouve peu de rivières. Aussi les Arabes de cette contrée sont obligés de creuser des puits très-profonds, & cette disette d'eau y rend le labourage fort pénible.

Les voyageurs ne rencontrent pas moins de dangers dans la province d'Hedsjas. Cependant comme cette province renferme les villes de la Mecque & de Médine, je n'ai pu résister à la curiosité qui me pressoit de m'approcher de ces lieux célèbres, & je me suis joint à une caravanne nombreuse avec laquelle je me suis rendu à Dsjidda, ville où s'arrêtent tous les étrangers qui ne sont pas Mahométans : car les Musulmans ne permettent pas aux chrétiens d'aller à la Mecque ; ils profaneroient par leur préfence ce lieu facré J'ai donc été obligé de me contenter de la defcription que m'en a faite un peintre Turc qui avoit réfidé huit ans à la Mecque. C'eft d'après cette defcription que je vais tâcher de vous faire connoître la mofquée fuperbe de la Mecque, objet de la vénération de tous les Mufulmans, & qui rend cette ville une des plus confidérables & des plus opulentes cités de l'univers.

LETTRE CCIX.

De Moka.

LA Mecque fut, Madame, le berceau de Mahomet. Sa famille y étoit illustre. La tribu dans laquelle il naquit, tenoit le premier rang dans sa patrie. L'intendance du temple étoit confiée à Abdol-Motallab ayeul de Mahomet, lors de la naissance de ce légiflateur. Ce temple célèbre alors par le nom d'Ifmael est devenu le premier fanctuaire des Musulmans & l'objet des hommages d'une partie de l'Europe & de l'Afrique, & presque de l'Asie entière. Cet édifice situé au milieu de la grande place de la

Mecque est si respecté des Mahométans qu'ils ne manquent jamais, lorsqu'ils font leurs prières, de se tourner du côté où ils le supposent en quelque lieu du monde qu'ils se trouvent. L'architecture n'en est pas recherchée. Ce temple est d'une forme carrée, & la porte en est si exhaussée qu'on peut à peine en atteindre le seuil de la main. Cette porte ne s'ouvre que deux fois par an, encore n'est-il alors permis d'y entrer qu'aux gens distingués & à leurs protégés. On distingue sur-tout dans cet edifice une pierre noire enchassée & maçonnée dans le mur. Les pieux Musulmans croient fermement que ce fut l'ange Gabriel qui apporta cette pierre pour la construction de ce sanctuaire, qu'elle étoit b'anche d'abord & si brillante qu'on pouvoit à une distance de quatre journées en voir la lumière, mais qu'elle a insensiblement perdu sa clarté & est devenue toute noire. Les hommages que l'on rend à cette pierre sont infinis. Les Musulmans la baisent autant de fois qu'ils font le tour de la mosquée, & lorsque l'affluence du peuple ne permet pas à tout le monde de lui rendre cet honneur, on tâche au moins de la toucher de la main. Aux deux tiers environ de la hauteur de ce bâtiment se voit la célèbre étoffe de soie noire, sur laquelle sont brodés en or fin des passages du Coran. Cette précieuse étoffe qui fait tout le tour de la mosquée se brode à Kahira, dans le palais des anciens Sultans de l'Egypte, & se change chaque année aux frais du Sultan de Constantinople. La gouttière du toît est d'or pur. Tout autour de la mosquée règne à quelque distance un rang de piliers de métal, entre lesquels sont attachées des chaînes qui portent des lampes & des candelabres d'argent. Les environs de cette mosquée sont tous renommés par des prodiges. D'un côté l'on voit la maison où Abraham faisoit sa prière pendant que la mosquée fut bâtie ; d'un autre un puits très-ancien découvert par miracle. C'est-là, disent les Musulmans, que

Agar avoit jetté son fils Ismaël sur le sable, afin de découvrir quelque source. Ayant couru long-tems sans succès, elle revenoit fort triste auprès de son enfant, lorsqu'elle vit l'eau jaillir aux piés d'Ismael. Deux autres bâtimens aux deux côtés du puits servent à renfermer les ustensiles d'argent, l'huile, les bougies, enfin tous les dons des pélerins. Vous jugez que le nombre des pélerins est très-considérable chaque année. Plusieurs de ces pélerins vont à la Mecque en qualité de marchands; souvent ils font ce voyage plusieurs fois & plus par intérêt que par dévotion Une grande partie va, comme soldats, pour défendre les caravannes desquelles ils font payés. Mais le plus grand nombre de ces voyageurs font pélerins de profeffion ; car comme tous ceux qui font empêchés par leurs affaires ou par d'autres raifons valables d'aller en perfonne à la Mecque, peuvent choifir quelqu'un qui y aille en leur place, la plupart des Mahométans trouvent facilement une excufe pour ne pas remplir ce devoir. Voilà pourquoi les dévots héritiers d'un homme riche envoyent à la Mecque en fon nom quelque pauvre qui ne craint point la fatigue. Très-peu de pélerins font ce voyage par dévotion & à leurs dépens. Quand ils le font, il leur coûte beaucoup ; car les Mahométans qui, en général, font charitables, redoublent leurs aumônes lorsqu'ils entreprennent ce saint pélérinage.

Le Schérif de la Mecque n'est que prince temporel & n'a le titre ni d'Iman, ni de Calife; ce font eux qui, dans la mofquée, font les fonctions eccléfiaftiques. Comme tous les Arabes ont coutume de payer très-peu à leurs princes, & que le domaine du Schérif eft fort petit, les revenus qu'il tire de fes fujets ne font pas confidérables. Cependant le Schérif de la Mecque eft un des plus puiffans princes de l'Arabie, car il prélève des droits fur les revenus immenfes dont jouiffent les cités faintes, revenus qui proviennent des donations de plufieurs

sieurs rois, princes ou autres riches Mahométans. Il tire aussi de grosses sommes de certaines villes Turques dont les édifices publics sont assujetis à une redevance annuelle envers la mosquée de la Mecque. Indépendamment de ces droits fixes, il partage la douane de Dsjidda avec le Pacha de cette ville, & il a soin de lever une capitation exacte sur tous les étrangers.

Médine est après la Mecque, la ville la plus remarquable de la province d'Hedsjas. Cette ville est petite & environnée d'une mauvaise muraille. Elle est célèbre chez les Musulmans par la fuite & la mort de leur législateur. Aussi l'appellent-ils *Medinet en Nebbi*, c'est-à-dire, ville du prophete, & ne permettent-ils à aucun juif ni à aucun chrétien d'en approcher.

Le tombeau de Mahomet que l'on montre à Médine eſt en vénération chez les ſectateurs de cette religion ſans être l'objet de leur culte. Les Muſulmans ne ſont pas obligés de viſiter ce tombeau. Très-peu de gens ont l'avantage d'entrer dans l'édifice bâti au-deſſus de ce monument funèbre, car comme on craint que le peuple ne rende un honneur ſuperſtitieux au tombeau de Mahomet, on ne permet de le regarder qu'à travers une grille de fer. Quoique ce tombeau ne ſoit pas magnifique, il eſt précieux par les richeſſes immenſes renfermées dans l'édifice qui le couvre.

On ne trouve point d'autres villes remarquables dans cette contrée de l'Arabie. Dsjidda ne contient que quelques maisons de marchands d'une assez belle apparence. Le reste de la ville n'est qu'un amas de misérables cabanes. Il n'en est point de même de Moka d'où je vous écris. Cette ville offre de loin une perspective charmante; elle est bâtie régulièrement sur le rivage de la mer. Les maisons ainsi que les murailles & les forteresses sont couvertes d'une espèce de stuc qui leur donne une blancheur éblouissante; le havre est formé en demi-lune par deux pointes de terre qui s'avancent également dans la mer,

B ij

& il est défendu par un fort à chaque extrêmité. Les murailles ont deux milles de circuit. On remarque dans cette ville plusieurs édifices réguliers & quelques belles mosquées. On y distingue sur-tout la mosquée & la tour bâties en l'honneur de Chadely fondateur de cette ville, & qui apporta le café dans ses environs. Le commerce de cette ville a bien diminué depuis que l'Europe tire son café des Indes occidentales, car cette production étoit la principale marchandise de cette contrée. Les Anglois, les François & les Hollandois ont ici des comptoirs. Ceux des Anglois sont les plus vastes & les plus beaux. Le climat de

Moka comparé à celui de plusieurs contrées de l'Arabie est doux & tempéré. Les provisions, les fruits & les végétaux s'y trouvent en abondance. Mais avant que de vous parler des riches productions de l'Arabie, vous serez sans doute curieuse de connoître la religion & les mœurs de ses habitans ; & sur-tout cet homme célèbre qui fut tout-à-la-fois le conquérant & le législateur de son pays.

LETTRE CCX.

De Moka.

Ceux qui veulent absolument que les grands hommes ne puissent pas naître d'une famille obscure font descendre Mahomet d'Ismaël qui chassé par Abraham son père, d'après les conseils jaloux de Sara, vint avec sa mère Agar se refugier à la Mecque, où il bâtit le temple célèbre dont je viens de vous parler. Rien n'est moins prouvé que cette descendance patriarchale. Ce qu'il y a de plus certain, c'est que la famille du législateur n'étoit pas moins riche qu'illustre, & que ses parens au moment de sa naissance le nommèrent Mohammed, c'est-à-dire, loué, glorifié, comblé de gloire. L'enfance de Mahomet est remarquable par les assauts multipliés de l'infortune. A peine a-t-il reçu le jour, que son père descend au tombeau. Peu de tems après il est arraché au sein maternel, & il va recevoir dans un désert le lait d'une nourrice étrangère. Il ne revient dans les bras d'une mère tendre & jalouse de présider à son éducation, que pour la perdre à l'instant qu'il alloit jouir de ses soins. Un seul appui reste à l'illustre orphelin, mais quel débile appui! un ayeul âgé de près de cent ans & que la mort ne tarde pas à lui enlever. Ne semble-t-il pas que tout se réunit pour laisser isolé celui qui produira une des révolutions les plus étonnantes de l'univers ? Cependant Abu-Taleb, oncle de Mahomet, devient le protecteur de Mahomet. Négociant comme tous les Coreishites, ce chef de la tribu instruisit son neveu au commerce, profession que les Mecquois n'avoient pas le sot orgueil de dédaigner, & qu'ils trouvoient trop utile pour qu'elle ne fût pas honorable. Il le conduisit à treize ans en Syrie, où ses affaires l'appeloient. Abu-Taleb n'étoit pas seulement un négociant distingué, il étoit un guerrier habile. Mahomet apprit de son oncle à porter les armes & fit sous lui ses premières campagnes. Combattant plusieurs fois avec les Coréishites, la victoire suivit toujours le parti auquel il étoit attaché. Si Mahomet signala sa valeur dans les combats, il ne se distingua pas moins dans le commerce par son intelligence & son activité, & sur-tout par sa bonne foi, vertu qu'il pratiqua dans toutes les actions de la vie civile & qui lui mérita le surnom honorable d'Elamin, c'est-à-dire, homme sûr & fidèle.

Tant de bonnes qualités fixèrent sur lui les regards & l'affection d'une veuve sa parente, nommée Cadige. Chargée d'un trafic considérable, elle avoit besoin de quelqu'un qui en partageât le fardeau.

Elle confia donc à Mahomet l'agence générale de les biens & de son négoce, & bientôt après elle en fit son époux.

Devenu riche par son mariage, Mahomet ne s'occupa plus qu'à méditer dans le silence le projet le plus audacieux qu'un homme ait jamais conçu. Pour mieux asservir & subjuguer ses concitoyens, il commença par affecter de se souſtraire à leurs regards. Il ne s'arracha aux soins intérieurs de sa famille que pour aller dans une grotte du mont Hara recevoir ces prétendues inspirations du ciel dont il devoit être l'organe. Cette grotte étoit située à trois milles de la Mecque. La façon de vivre qu'il y adopta étoit bien propre à allumer le fanatifme dans une imagination naturellement ardente. Il se nourrit quinze ans entiers de pratiques pieuses & de méditations solitaires. Des mœurs pures & une austérité rigoureuse secondèrent ses desseins. Ce fut après cette retraite que Mahomet, âgé de quarante ans, se donna pour prophète. L'ange Gabriel, descendu sur la terre par ordre de l'Eternel, apporta le Coran dans sa caverne à l'apôtre de l'islamisme.

Revenu dans sa famille Mahomet s'empressa de faire part de sa révélation à une épouse chérie. L'amour propre d'une femme se persuade aisément tout ce qui flatte un mari qu'elle aime. Cadige n'eut pas de peine à devenir son premier prosélyte. Le second fut un esclave auquel on promit sa liberté & qui crut ou feignit aisément de croire à des opinions qui l'arrachoient à l'esclavage. Ali fut le troisième ; il étoit fils d'Abu-Taleb, & sortant à peine de l'enfance, il étoit confié aux soins de Mahomet. Bientôt quelques autres disciples se joignirent à eux, parmi lesquels il faut distinguer Abubecre, qui fut ensuite le beau-père & le successeur du prophète. La famille de Mahomet ne fut pas aussi docile que l'avoient été Cadige & Ali. Le nouvel inspiré essaya en vain de se la concilier & de l'attacher à son parti ; elle fit les plus vives instances

instances pour le dissuader d'un projet qu'elle regardoit comme coupable. Aux instances succédèrent les menaces, & aux menaces les persécutions. Mahomet & ses partisans furent exilés. On prit même les armes contre les fugitifs ; mais par un prestige que l'intérêt & l'ambition créèrent sans doute, Omar envoyé pour le combattre devint son plus zélé défenseur. Cependant la mission prophétique de Mahomet désavouée dans sa patrie s'étendoit dans plusieurs villes & sur-tout à Médine. Les coréishites indignés de ce succès condamnèrent leur concitoyen à la mort. L'arrêt fut unanime, & la fuite seule pouvoit arracher le prophète au fort qui le menaçoit.

Mahomet prévit bien que sa fuite ne suspendroit pas la vengeance de ses ennemis; il songea donc à leur résister par les armes, s'il venoit à en être attaqué. Pour mieux encourager ses sectateurs à prendre sa défense, il leur en fit donner l'ordre par le ciel. « Combattez les » mécréans, dit un verset du coran, » jusqu'à ce que la religion sainte » triomphe universellement ». A ce précepte divin il joint l'attrait du bonheur éternel promis à ceux qui périroient en défendant l'islamisme, ou son apôtre.

Les succès de ces guerres furent d'abord partagés : mais si le prophète ne l'emporta pas toujours par la force des armes, il surpassa toujours ses ennemis par la générosité & la grandeur d'ame. Cependant la clémence de Mahomet ne ralentissoit pas la haine & la fureur des habitans de la Mecque & sur-tout celles de sa famille. Cédant à la nécessité & craignant de succomber, le législateur Arabe dirigea ses armes contre les Juifs. La victoire favorisa ses nouveaux projets. Il conquit leurs villes les plus importantes, s'empara de tous leurs trésors & les soumit presque en entier au joug de l'esclavage.

Enflé de ce triomphe & des succès déjà nombreux obtenus contre des Arabes, il pensa que le moment étoit arrivé pour lui de traiter avec les rois & de leur envoyer des députés qui les invitassent en son nom & au nom de dieu, à adopter sa religion. Il en envoya au roi de Perse, à l'empereur des Romains, au prince des Cophtes, au roi d'Abissinie & à plusieurs autres monarques. Le plus grand nombre les reçut avec respect, & quelques-uns n'hésitèrent pas à embrasser l'islamisme.

Peu de tems après Mahomet fort de ses nouvelles alliances & de ses nouvelles conquêtes, marcha contre ses compatriotes. La ville fut prise, mais le vainqueur y signala son entrée par la douceur & la modération. Il ne se contenta pas d'épargner le sang des vaincus. Le droit de la guerre, puisque la guerre a des droits, l'autorisoit à soumettre à la servitude tous ceux dont il venoit de triompher; il aima mieux être leur bienfaiteur que de les voir ses esclaves.

Je n'assure point que cette générosité fut naturelle à Mahomet ; mais soit que cette vertu fût innée chez ce conquérant, soit qu'elle fût enfantée par la politique, elle lui asservit aisément le cœur de ceux qu'il avoit vaincus. Les Idolâtres vinrent en foule embrasser son culte. De toutes parts ses généraux ajoutoient à ses conquêtes, & les princes Arabes qu'il n'avoit pas encore combattus s'empressoient d'envoyer des ambassadeurs lui annoncer qu'ils abandonnoient l'Idolâtrie. Aussi, l'année suivante, fit-il un nouveau pélerinage à la Mecque pour remercier l'éternel du succès accordé à sa doctrine & à ses armes.

Tels furent les principaux exploits de Mahomet. Ce législateur mourut comme il avoit vécu, c'est-à-dire, avec la plus grande fermeté. Après avoir fait à haute voix son testament religieux, dont les principales dispositions furent de chasser les Idolâtres de l'Arabie, d'accorder aux nouveaux convertis tous les droits dont jouissent les Musulmans, après avoir affranchi ses esclaves & défendu qu'on troublât par des gémissemens la paix & le bonheur dont il alloit jouir, Mahomet mourut à 63 ans, dans la onzième année de l'hégire & la vingt-troisième de son prétendu apostolat.

Cet imposteur célèbre, ou plutôt cet homme extraordinaire, contre lequel on s'est tant déchaîné, a eu d'illustres panégyristes. Tel est le portrait qu'en a tracé Abulfeda. « Mahomet avoit reçu de la nature » une intelligence supérieure, une » raison exquise, une mémoire pro- » digieuse. Il parloit peu & se plai- » soit dans le silence. Son front étoit » toujours serein, sa conversation » agréable & son caractère égal. » Juste envers tous, un parent, un » étranger, l'homme puissant ou le » foible, ne faisoient jamais pen-

» cher la balance dans fes mains.
» Il ne méprifoit point le pauvre
» à caufe de fa pauvreté, & ne
» révéroit point le riche à caufe
» de fes richeffes. Il employoit le
» charme de fon entretien à gagner
» le cœur des grands & réfervoit
» fa familiarité pour fes amis. Il
» écoutoit avec patience celui qui
» lui parloit, & ne fe levoit jamais
» le premier. Il vifitoit fréquemment
» fes compagnons d'armes & s'in-
» formoit de leurs affaires. Conqué-
» rant de l'Arabie, il s'affeyoit fou-
» vent à terre, allumoit fon feu &
» préparoit de fes propres mains
» le repas de fes hôtes. Poffeffeur
» de tréfors immenfes, il les répan-
» doit généreufement & ne gardoit

» pour sa maison que le simple né-
» cessaire. Il disoit souvent que
» Dieu avoit créé deux choses pour
» le bonheur des humains, les fem-
» mes & les parfums ».

Mahomet a su semer de fleurs les pratiques austères de sa religion. Rien de plus délicieux que le paradis promis à ses sectateurs. Favorisés de la bienveillance du Seigneur, les vrais fidèles sont conduits par troupes dans l'Eden dont les portes s'ouvrent pour eux. La fatigue, la discorde, la crainte, la douleur, les vaines inquiétudes sont bannies de ce séjour dont l'étendue égale les cieux & la terre, & dont la possession ne sera jamais ravie à ceux qui l'habitent. Le cœur y trouve tout ce qu'il desire & l'œil tout ce qui peut le charmer. Un banquet céleste offre des mets exquis à ceux qui sont admis, leur soif est étanchée par des breuvages délicieux qui leur sont présentés dans des vases d'argent & des coupes de cristal. Les rameaux chargés s'abaissent devant eux pour leur laisser cueillir les fruits qu'ils portent en abondance : on voit aussi serpenter dans ce lieu céleste des ruisseaux de vin, de miel pur, & des fleuves de lait dont le goût ne s'altère jamais. Des habits tissus d'or & de soie, des colliers & des bracelets du plus riche métal, ornés de perles & de pierreries, forment les vêtemens

& la parure des bienheureux. Sous des ombrages frais & toujours verts, dans des jardins arrosés par des fleuves limpides & que décorent de magnifiques palais, ils reposent sur un lit aussi doux que le lit nuptial. Près d'eux sont de jeunes beautés au sein d'albâtre, aux beaux yeux noirs, aux regards modestes. Aucun homme n'en profana jamais les charmes & la pudeur. Les perles n'égalent point pour l'éclat & la blancheur ces vierges éblouissantes. Auprès de ce lieu enchanté s'ouvrent deux nouveaux jardins que couronne une verdure éternelle. Deux sources jaillissantes en font l'ornement. Les dattes, les grenades, les fruits divers y sont rassemblés, &

des houris d'une beauté ravissante y sont renfermées dans des pavillons superbes.

Si l'imagination la plus voluptueuse a dessiné cet élysée moderne, le génie le plus terrible a tracé la peinture des enfers. Tous les coupables environnés de leurs crimes sont précipités dans un abîme de feu, où ils seront en proie aux tourmens & à l'opprobre. Jamais ils ne sortiront de ce séjour de ténèbres ; ils ne conserveront pas même l'espérance de voir leur peine affoiblie. Malgré leur repentir, malgré leurs cris plaintifs, ils expieront leurs forfaits, tant que les cieux & la terre subsisteront, dans ces brasiers qu'enveloppent des tourbillons de flammes & de fumée. Pour appaiser leur altération, on leur donne de l'eau qui semblable à de l'airain fondu brûle leur bouche. Etendus sur un lit de douleur, ils y avalent cet affreux breuvage. L'eau bouillante est répandue sur leur tête. Elle dévore leur peau & leurs entrailles ; & ces parties d'eux-mêmes, à peine consumées, se renouvellent pour les livrer à des tourmens nouveaux. Enfin il semble que Mahomet ait rassemblé dans son enfer tous les supplices dont les autres religions menacent les méchans. L'apôtre Arabe n'a pas voulu cependant que l'on poursuivît sans relâche & à main armée ceux qui professeroient une autre doctrine que la sienne. Si on en excepte l'idolâtrie contre laquelle rien n'adoucit son indignation, il ordonne de tolérer tous les cultes. Plus sage que les ministres furieux d'un dieu de paix, il ne prononce pas la damnation éternelle contre ceux qui n'ont pu s'instruire de l'islamisme. Les Fidèles, les Juifs, les Sabéens & les Chrétiens, qui croiront en Dieu & au jour dernier, & qui auront pratiqué la vertu, seront exemts de la crainte & des tourmens.

Enfin lorsqu'on veut prononcer sur le législateur de l'Arabie, il me semble que l'on peut dire que si Mahomet fut un imposteur, ce fut un imposteur plein d'adresse & de génie, un philosophe profond, un homme vraiment extraordinaire.

LETTRE CCXI.

Moka.

La religion de Mahomet, Madame, a eu le fort de toutes les religions, celui d'engendrer une infinité de sectes qui se livrent mutuellement des guerres cruelles. L'Arabie a été long-tems désolée par ce fléau religieux, & l'on y voit même à peine aujourd'hui une seule province dont les habitans aient la même croyance. Les principales de ces sectes sont, ainsi que je vous l'ai observé dans mon voyage en Perse, celles qui divisent les Turcs & les Persans. Ces sectateurs sont si irrités les uns contre les autres qu'ils se détestent plus qu'ils ne haïssent les infidèles. Mais en Arabie ces deux sectes vivent assez bien ensemble. Les Arabes ne cherchent à convertir ni par séduction ni par contrainte, si ce n'est parmi les esclaves qu'ils ont achetés. Le coran leur ordonne de protéger ceux qui embrassent leur religion. Aucun Musulman n'observe plus exactement cette loi que les Arabes d'Yemen. Cette protection leur attire beaucoup de prosélytes. Cependant les Arabes tolèrent assez généralement toutes les religions. On trouve dans la plupart des provinces d'Arabie des

Juifs dispersés sous l'autorité Mahométane. On en voit même des tribus entières dans les montagnes d'Hedjas. Quand ils sont établis en certain nombre dans quelque ville, ils y vivent d'ordinaire ensemble & séparés des Mahométans. Dans l'Yemen leurs familles & leurs synagogues résident dans des villages près des villes principales. On compte encore plus de cinq mille familles Juives dans le ressort de cette province. On rencontre aussi beaucoup de Banians ou payens des Indes dans l'Yemen. Les Mahométans les méprisent infiniment plus que les Chrétiens & les Juifs, principalement parce qu'ils n'admettent aucun livre divin, c'est-à-dire, ni les livres de Moïse, ni l'évangile, ni le coran ; ce qui les fait passer pour ne pas connoître Dieu. Aussi plusieurs villes de l'Arabie défendent-elles aux Banians le libre exercice de leur religion. Mais heureusement pour eux, ces villes ne sont pas en grand nombre. Dans presque toutes les autres ils jouissent d'une liberté entière. Ils y ont leurs femmes Indiennes, ils y brûlent leurs morts, ils y tiennent même plusieurs petites figures de porcelaine exposées dans leur chambre, sans craindre l'inquisition des Mahométans. Au surplus ces Banians sont des sujets fort paisibles. Pendant que les ecclésiastiques de la plus nombreuse secte des

Chrétiens se donnent toutes les peines imaginables pour baptiser les infidèles, pendant que les Mahométans circoncisent, soignent, protègent ceux qui veulent embrasser leur foi, les Banians au contraire n'admettent aucun étranger dans leur société ; ils chassent même de leurs assemblées les gens de mauvaise vie, & procurent par-là quelquefois des prosélytes aux Chrétiens & aux Musulmans.

On accuse en Europe les pères Mahométans de vendre leurs filles ; mais les plus sensés d'entr'eux le font aussi peu que nous. Ils donnent, sans doute, plutôt leur fille à un époux riche & distingué qu'à un pauvre, parce qu'ils en reçoivent davantage; mais pour peu qu'un Mahométan ait assez de fortune, il accorde à sa fille une dot honnête qui devient alors son patrimoine. Le contrat de mariage se passe devant le Cadi & nonseulement on y stipule ce que l'époux doit donner d'abord à sa future, mais encore la somme qu'il lui paiera, au cas qu'il lui prenne envie de la répudier. Ainsi souvent un homme aisé prend un gendre sans bien, lui fournit même la somme nécessaire pour payer en présence du Cadi & des témoins, la dot stipulée par le contrat, & le nouvel époux promet à sa femme en cas de répudiation une si grosse somme, qu'elle n'a point ce changement à craindre. D'ailleurs comme elle n'est pas obligée de remettre sa dot entre les mains de son mari, elle le tient souvent dans sa dépendance. Ainsi les Mahométanes riches sont quelquefois aussi maîtresses chez elles que le sont les chrétiennes en Europe ; elles sont même en quelque sorte plus heureuses en ce qu'elles peuvent demander d'être séparées au cas que le mari en agisse mal avec elles. Malgré cela, il n'est pas rare que les Mahométans répudient leurs femmes; mais ils n'usent pas de ce droit sans des raisons très fortes ; soit parce que cette démarche est jugée indécente pour un homme sensé, soit parce qu'ils ne veulent pas déshonorer la femme & sa famille. Il n'y a que quelques riches voluptueux qui épousent plusieurs femmes, & leur conduite est blâmée par les Mahométans raisonnables.

La polygamie étant permise, & les Mahométans associant d'ailleurs à leurs plaisirs plusieurs filles esclaves, on seroit tenté de croire que le pauvre Mahométan trouve difficilement à se marier. Mais on est bientôt dissuadé de cette opinion lorsqu'on considère qu'il n'y a point de maisons religieuses ni de filles célibataires dans l'Orient, que la stérilité y est honteuse, & qu'il n'est pas moins déshonorant aux filles nubiles & aux jeunes veuves de ne point trouver de maris. Les

ARABIE.

femmes répudiées même cherchent à réparer ce déshonneur par un second mariage, & comme les Mahométanes vivent presque ignorées en comparaison des Européennes, on ne remarque pas si aisément quand elles se mésallient.

Cependant il n'est pas douteux que la polygamie ne nuise à la population. Plus on voyage dans l'Orient, plus on est convaincu de la vérité de cette observation. Car les femmes d'Orient, sachant qu'elles ont des rivales, cherchent continuellement des moyens de les supplanter, & le mari polygame est affoibli de bonne heure par l'excès des voluptés.

On donne ici le nom de Derviches à quelques mendians qui chantent dans les rues & à quelques pauvres religieux qui pour une très-petite rétribution lisent sur les tombeaux un chapitre du coran. En général l'espèce monacale n'abonde pas en Arabie. On n'y voit pas cette multitude de lâches & orgueilleux cénobites qui dévorent les plus belles contrées de l'Europe.

LETTRE

LETTRE CCXII.

De Moka.

Vous serez peut-être surprise, Madame, que l'on soit infatué en Arabie des préjuges chimériques de la noblesse. Les Arabes habitent dans des villes & dans des villages, où ils vivent sous des tentes en familles séparées. Ils ont un grand nombre de princes dont la plupart sont très-fiers de leur naissance ; cet orgueil est fondé sur ce que leurs familles ont gouverné depuis plusieurs siècles sans avoir dépendu d'aucune autre puissance. Parmi ces maisons nobles celles qui descendent de Mahomet tiennent le premier rang. Les sectateurs de sa religion donnèrent divers titres à ses descendans pour les distinguer du reste de la noblesse. Il en est même qui prétendent que cette famille l'emporte sur toutes celles du monde, parce que l'ange Gabriel a béni lui-même Mahomet, son gendre Ali, sa fille Fatima & ses deux petits-fils Hassan & Hossein. Cette bénédiction angélique n'a pas peu contribué à élever les descendans de Mahomet au-dessus de tous les Schechs.

Les Schérifs dans l'Hedjas passent pour être les plus nobles de la famille de Mahomet, parce qu'ils ne se sont pas autant mésalliés que ceux des pays éloignés. Ils sont très-respectés par les Arabes de cette contrée. On ne sera pas étonné que la postérité apparente de Mahomet soit si nombreuse, quand on considérera que dès le tems des Califes, les descendans du législateur se sont dispersés dans tous les pays Mahométans, qu'ils se sont presque toujours mariés hors de leur famille, & qu'il y a apparence qu'ils ont conféré le titre de Schérif à des étrangers, pour fortifier leur parti contre celui des Califes. Les Turcs ont une sorte de vénération pour cette famille quoiqu'ils évitent de confier les grands emplois du gouvernement à aucun de ses descendans, de crainte peut-être qu'à l'exemple de Mahomet, quelqu'un d'entr'eux n'ait l'ambition de s'ériger en souverain.

De tous les titres que porte la noblesse Arabe, le plus universel & peut-être le plus ancien est celui de Schech. La langue Arabe qui est d'ailleurs si riche, paroît pauvre en mots propres à désigner les rangs, quand on la compare avec les langues de l'Europe. Aussi le mot de Schech a diverses significations dans les villes. On le donne aux professeurs d'une Académie, à ceux qui sont employés dans les mosquées, aux descendans d'un prétendu saint, aux bourgmestres, aux syndics de village ; mais dans ces acceptions le mot de Schech annoblit tout aussi peu que le Dom que l'on donne indistinctement en Espagne à toutes sortes de personnes.

Ainsi les Schechs sont très-jaloux ici de leur généalogie. L'arabe du commun se soucie rarement du nom de ses ancêtres, il ignoreroit même celui de son père si les Orientaux n'avoient coutume de joindre le nom paternel au leur. Les savans y joignent le nom de leur ville & de leur secte. Quelquefois même on ajoute à ces noms les titres des dignités dont quelqu'un est revêtu, ou les vertus qui le rendent fameux. Mais ce n'est ordinairement qu'après la mort que les auteurs allongent ainsi les noms des Arabes célèbres.

On m'a assuré qu'il existoit à la Mecque onze à douze maisons issues de la tribu des Coréishites, dont Mahomet est sorti. Aussi certains emplois de cette ville sont-ils devenus héréditaires dans ces familles, qui, pour cette raison, conservent exactement leur généalogie.

LETTRE CCXIII.

De Moka.

L'ÉDUCATION des Arabes est si différente de la nôtre, Madame, qu'il ne faut pas s'étonner si leur caractère a peu de rapport avec celui des Européens. Ils laissent leurs fils jusqu'à l'âge de quatre ou cinq ans dans le harem, c'est-à-dire, entre les mains des femmes. Mais dès qu'on les retire du harem, il faut qu'ils s'accoutument à penser & à parler avec gravité, & à ne point quitter leur père ou leur précepteur. Comme la musique & la danse passent pour indécentes chez les Arabes;

que le beau fexe eft exclus de toutes leurs affemblées publiques, que toute boiffon forte leur eft interdite, & qu'enfin ils font perpétuellement fous les yeux de gens d'un âge mûr, ils deviennent infenfiblement férieux dès leur enfance.

Malgré cet extérieur grave, les Arabes aiment la grande compagnie. Par toutes les villes où j'ai paffé en Arabie, j'en ai vu les habitans fe rendre affidûment dans les cafés publics & fur-tout courir les foires, dont il n'y a peut-être point de pays fi bien fourni que l'Yemen, puifqu'il ne fe trouve prefque pas de bon village qui n'ait fa foire par femaine. Quand les villages font un peu éloignés l'un de l'autre, leurs habitans se rendent au jour marqué en rase campagne. Les uns y viennent pour acheter ou pour vendre ; d'autres, qui sont ouvriers, emploient quelquefois toute la semaine à passer & repasser d'un petit bourg à l'autre & se rencontrent à la foire pour y travailler ; plusieurs enfin n'ont d'autre objet en s'y rendant que celui de passer le tems plus agréablement que chez eux. Il est aisé de conclure par là que les Arabes, & sur-tout ceux de l'Yemen sont plus civilisés que ne se le figurent les Européens.

Les Arabes sont d'une taille médiocre, maigres & comme desséchés par la chaleur. Leur sobriété est remarquable. Le peuple ne boit ordinairement que de l'eau & ne mange presque autre chose que de mauvais pain frais de *durra*, sorte de millet, pétri au lait de chameau, ou à l'huile, au beurre & à la graisse. Je trouvai ce pain désagréable & mauvais, mais les Arabes qui y sont accoutumés dès l'enfance, paroissent le manger avec plaisir; ils le préfèrent même au pain de froment qu'ils trouvent trop léger. Les autres alimens des Arabes consistent en riz, en crême, en lait, en beurre & en légumes. Ils mangent peu de viandes, parce qu'ils les croient mal saines, attendu la chaleur du climat. Ils s'asseyent par terre pour prendre leur repas; &

après avoir étendu dessus une grande nappe, ils placent sur cette nappe une petite table de bois haute seulement d'un pied, couverte d'une grande plaque de cuivre, ronde & bien étamée, sur laquelle on pose les mets dressés dans de petits plats du même métal. Les Arabes ne se servent ni de couteaux ni de fourchettes, ils tirent très-proprement du plat les morceaux avec leur main droite, car la gauche leur sert à s'essuyer & à se laver le corps. A l'apparition d'un plat, on voit aussitôt autant de mains que de convives, qui font disparoître avec la plus grande promptitude les mets qui y sont contenus. Leurs repas sont courts, sur-tout

celui du midi, à la fin duquel ils prennent ordinairement le café. Mais ils se dédommagent le soir, & ils boivent alors du vin ou de l'eau-de-vie, pour laquelle ils sont passionnés. Le pauvre qui ne peut pas payer les liqueurs fortes fume du *haschisch*, sorte de plante qui, selon les Arabes, inspire du courage. Je n'ai point été convaincu par l'expérience de la propriété merveilleuse de cette herbe. Quant à l'opium, les Arabes en font beaucoup moins d'usage que les Persans. Quand on se visite en Arabie, on offre aux étrangers dès qu'ils sont assis, une pipe de tabac, des confitures & une tasse de café. On leur présente en même tems une ser-
viette

viette brodée pour l'étendre sur les genoux. Les pipes sont ici un objet de luxe; les gens riches les font faire de verre, d'argent ou d'or. Ils portent aussi sur eux une boîte pleine de bois de senteur, dont ils mettent un petit morceau dans la pipe de la personne qu'ils veulent particulièrement distinguer.

Les Arabes ne sont point querelleurs, & dans les rixes les plus violentes, pourvu que l'un des adversaires ne soit pas aussi emporté que l'autre, ou qu'un homme de sang froid, fut-il un inconnu, leur dise: *Pensez à Dieu & à son Prophète*, ils se reconcilient pour l'ordinaire dans l'instant, ou ils choisissent un arbitre qui termine leur différend à l'amiable. J'ai été témoin d'une contestation ainsi terminée par la décision d'un arbitre, qui vous donnera sans doute une idée favorable de l'esprit des Arabes. Un batelier s'étoit plaint plusieurs fois & avec beaucoup de véhémence, de ce qu'un négociant de cette ville refusoit de lui payer son frêt. L'arbitre choisi avoit toujours prié le batelier de revenir une autre fois, jusqu'à ce qu'enfin le suppliant le sollicitant un jour de sang froid de lui rendre justice, il la lui accorda sur l'heure. Le batelier demanda alors à l'arbitre pourquoi il n'avoit pas voulu d'abord finir son affaire ? celui-ci répondit, parce que je vous ai toujours vu ivre.

Le batelier l'assurant que depuis plusieurs années il n'avoit pas été pris de vin ; l'arbitre repliqua : l'ivresse où vous étiez, est la plus dangereuse de toutes, puisque c'étoit l'ivresse de la fureur.

La justice se rend de plusieurs manières différentes en Arabie. Dans certaines provinces un meurtrier expie son crime par la mort & son procès est instruit par un tribunal régulier. Dans d'autres, les parens de celui qui a été tué ont le choix ou de se reconcilier avec les alliés du meurtrier devant le magistrat, ou d'obtenir qu'on le leur livre afin qu'ils se fassent eux-mêmes justice ; enfin il est permis dans quelques cantons de l'Arabie de poursuivre la vengeance d'un meurtre par un combat avec le meurtrier ou avec quelqu'un de ses parens. Chez les Arabes de ces contrées il est honteux de prendre de l'argent pour le sang de l'assassiné, parce qu'on pourroit soupçonner les parens d'avoir toléré ou favorisé le meurtre. Il est rare aussi qu'ils veuillent que le meurtrier soit mis à mort par sentence, ou qu'ils cherchent eux-mêmes à lui ôter la vie, parce qu'ils délivreroient par là sa famille d'un mauvais membre & d'une inquiétude accablante. Les parens du mort se réservent ordinairement le droit de déclarer une guerre particulière au meurtrier & aux siens,

& de tuer celui d'entr'eux qu'ils jugeront à propos. Un Arabe qui a de l'honneur, doit cependant observer dans cette vengeance une sorte d'égalité de forces ; un homme jeune & robuste n'attaquera pas un vieillard ou un homme infirme ; ni plusieurs personnes n'attaqueront pas un adversaire s'il est seul. Mais il leur est permis de tuer par représailles le plus distingué, le chef de la famille, parce qu'ils prétendent que celui qui est regardé comme tel & qui en prend la qualité, doit veiller sur la conduite de tous ceux qui la composent. Cependant chaque individu des deux familles brouillées vit dans une crainte perpétuelle de rencontrer son ennemi, jusqu'à ce que quelqu'un du côté du meurtrier ait été tué. L'Arabie a vu quelques-unes de ces guerres de famille durer cinquante ans & plus, car les adversaires ne s'envoient point de cartel & ils ne se battent que par occasion. Si dans un combat il périt encore une personne qui appartienne à la famille offensée, il n'y a plus de paix à espérer avant que deux du parti contraire aient eu le même sort. Mais il arrive quelquefois que les parens de part & d'autre s'arrangent à l'amiable, & renoncent ainsi à cet esprit de vengeance qui les obligeoit à mener une vie pleine de troubles & d'alarmes.

Les Arabes & sur-tout ceux de

l'Yemen font très-civils envers les étrangers; l'hofpitalité qui a toujours été la vertu dominante de ce peuple, n'eſt pas moins exercée aujourd'hui par les Arabes modernes, qu'elle l'étoit par leurs ancêtres. Lorſque quelqu'un eſt envoyé en ambaſſade à un Schech diſlingué ou à quelqu'autre ſeigneur, il eſt défrayé ſuivant la coutume des Orientaux & entretenu pendant ſon féjour aux frais de celui qui le reçoit ; à ſon départ il eſt encore honoré d'un préſent. Un ſimple voyageur pourroit s'attendre au même accueil. Dans les villes il y a des caravanſerais ou hôtelleries publiques pour ceux qui voyagent. On trouve dans quelques villages

E iv

des maisons publiques, où les voyageurs peuvent être logés & nourris quelques jours sans payer, lorsqu'ils veulent se contenter de la chère qui s'y fait. J'ai souvent vu des conducteurs de caravannes presser les passans de devenir leurs convives, & partager d'un air satisfait leur pain & leurs dattes avec ceux qui vouloient les accepter. En un mot l'hospitalité des Arabes contraste singulièrement avec l'idée que les Européens se forment de ce peuple.

LETTRE CCXIV.

De Moka.

L'ART de l'architecture, Madame, est absolument négligé par les Arabes; leurs maisons ne sont ni magnifiques au-dehors, ni embellies au-dedans. Le luxe de ce peuple brille dans les armes, les harnois, les chevaux & les domestiques. Tous les habitans de quelque condition qu'ils soient couvrent leurs planchers, ne fut-ce que d'une natte de paille, sur laquelle on ne marche qu'après s'être débotté ou déchaussé. On dit que les appartemens des femmes sont ornés de tapis, de sofas & de meubles très-riches. Toutes les maisons Arabes, qui sont de pierres, ont le toît plat en terrasse. Les plus petites dans l'Hedsjas ou dans l'Yemen, ont des parois fort minces & un toît en rond couvert d'une certaine herbe. Les Arabes qui habitent les bords de l'Euphrate ont de petites cabanes couvertes de nattes de jonc, soutenues par des branches de dattier & terminées en rond par le haut.

Les principaux des Arabes ont leurs appartemens sur le devant de leurs maisons; les femmes n'y paroissent point, elles sont logées sur le derrière des bâtimens. Les autres Arabes, comme négocians, ouvriers, écrivains, &c. ont dans les grandes rues marchandes leurs boutiques, où on les trouve tout le jour. Lorsqu'un Arabe conduit quelqu'un dans sa maison, celui-ci est obligé d'attendre à sa porte, jusqu'à ce que le maître ait averti toutes les femmes de se retirer dans leurs chambres. Un homme ne salue jamais une femme en public; il commettroit même une indécence s'il les regardoit fixement. Les femmes d'un autre côté témoignent un respect extraordinaire pour les hommes.

Les Arabes ont diverses manières de s'asseoir. Quand ils veulent le faire commodément, ils croisent leurs jambes sous eux : lorsqu'ils sont en présence de gens qu'ils respectent, s'ils sont bien élevés, ils doivent tellement être assis sur les talons que les genoux se touchent sur le plancher ou sur le sopha.

Les Arabes à l'imitation des Turcs & des Indiens, portent des habits longs. Autour du corps ils ont un ceinturon de cuir brodé ou garni d'argent, au milieu duquel, sur le devant, ils passent un couteau large recourbé & pointu dont la pointe est tournée du côté droit. Ils mettent sur leurs épaules un grand linge fin, originairement destiné à les garantir de la pluie & du soleil, mais qui n'est actuellement qu'une espèce de parure. Leur coëffure est incommode & dispendieuse. Ils ont jusqu'à dix ou quinze bonnets les uns sur les autres. La plupart de ces bonnets ne sont que de toile, mais il y en a aussi d'un drap fort ou de coton piqué, & celui qui les couvre tous est souvent brodé en or. On lit sur ce dernier bonnet ces paroles du coran : « Il n'y a point d'autre Dieu que Dieu ; Mahomet est l'envoyé de Dieu ». Ce n'est pas encore là tout le fardeau dont les Arabes chargent leurs têtes, ils enveloppent cette multitude de bonnets d'une grande pièce de mousseline ornée aux deux bouts de franges de soie ou d'or qu'ils laissent pendre sur le dos. Les Arabes savans affectent de porter des turbans d'une grosseur excessive.

Le peuple ne porte que deux bonnets avec un turban négligemment noué par derrière. Les pauvres n'ont pour tout vêtement qu'un linge autour des reins qui pend jufqu'au genou, & un grand morceau de toile fur l'épaule. Dans les montagnes il fe couvre de peaux de mouton. Ce vêtement fuccinct compofe encore tout le lit d'un Arabe. Sa ceinture devient un matelas. Il s'enveloppe la tête & une partie du corps avec le linge de l'épaule & c'eft ainfi qu'il dort nu & content.

La coeffure pefante des Arabes n'eft cependant pas univerfelle. Ils laiffent croître leurs cheveux dans quelques contrées, & ne portent ni bonnets, ni turbans, mais un simple mouchoir dans lequel ils nouent leurs cheveux en arrière.

L'habillement des femmes n'eſt ici ni élégant, ni magnifique ; d'ailleurs elles ſont preſque toujours couvertes & enveloppées de la tête aux pieds. Cependant le voile de quelques-unes n'eſt ſouvent qu'une ſimple gaze brodée en or. Elles portent quantité de bagues aux doigts, aux bras, quelquefois même aux oreilles & au nez, & des rangs de fauſſes perles autour du col.

LETTRE CCXV.

De Moka.

Comme les Arabes se disent de la religion Mahométane, ils croient, Madame, que la langue dans laquelle est écrit le coran est la plus belle & la plus riche des langues. Cependant le dialecte Arabe moderne diffère tellement de l'ancien, qu'on enseigne dans les collèges le dialecte du coran comme on enseigne le Latin en Europe. L'Arabe moderne est à l'ancien Arabe ce qu'est la langue Italienne à la langue Latine. Suivant l'opinion des Arabes modernes, les nouveaux caractères qui sont en usage chez les Mahométans ont été inventés par le Visir Iba-Mokla, & rendus publics par deux de ses esclaves.

L'Imam, les Cadis & les savans Arabes écrivent le plus souvent leurs noms avec des lettres entrelacées en chiffres, afin qu'on n'imite pas leur signature. Ceux qui ne savent pas écrire font signer leur nom par d'autres & impriment ensuite avec de l'encre leur nom ou leur devise au bas du papier, & quelquefois sur le revers à l'endroit qui répond à leur nom. Car presque tous les Arabes portent ordinairement leur nom ou leur devise au doigt gravée sur une pierre. Les Arabes ont poussé très-loin l'art de l'écriture; ils se servent souvent de chiffres ou d'hiéroglyphes : il est même des Arabes savans qui se vantent de pouvoir écrire à un ami, sans qu'un tiers puisse lire leur correspondance.

Les princes Arabes n'excitent dans leur état, ni par leur exemple, ni par leur générosité l'amour des sciences. Aussi trouve-t-on en Arabie peu de personnes qui méritent le nom de savans. Cependant l'éducation de la jeunesse n'y est pas absolument négligée. Les personnes distinguées ont dans leurs maisons des précepteurs pour leurs enfans & pour les jeunes esclaves ; ceux de ces derniers qui annoncent de l'esprit sont souvent élevés comme les enfans de la maison. On trouve presque à chaque mosquée une école où les enfans des pauvres & leurs maîtres sont entretenus par des fondations. Il existe d'ailleurs dans les villes importantes un grand nombre d'autres écoles où les gens d'un état médiocre envoient leurs enfans pour être instruits dans la religion Mahométane & pour y apprendre à lire, à écrire & à compter. Ces écoles sont, ainsi que les boutiques, ouvertes du côté de la rue. Le bruit des passans ne paroît point causer de distraction aux écoliers. Outre ces écoles, les grandes villes de l'Arabie renferment aussi plusieurs collèges où l'on cultive diverses sciences, comme l'astronomie, l'astrologie, la philosophie & la médecine. Mais les Arabes sont bien inférieurs dans les sciences aux Européens; ce n'est pas qu'ils ne soient doués de dispositions naturelles & de capacité, mais ils manquent de livres & d'instruction. L'interprétation du coran, à laquelle se joint l'histoire des Mahométans du tems de Mahomet & des premiers Califes, fait la principale étude des gens lettrés, étude très-étendue chez les Arabes qui aspirent à se faire une réputation, car ils sont obligés non-seulement d'apprendre l'ancien Arabe, mais de se rendre encore familiers les principaux commentateurs du coran, dont le nombre est considérable. On m'a assuré que les gens de lettres étoient examinés en public avant d'obtenir quelque poste important, soit eccléfiaftique, soit civil. Cette épreuve doit être la pierre de touche du mérite, si elle est subie sans faveur & sans partialité.

Il paroît que les Arabes sont encore aujourd'hui de grands rimeurs, mais je n'oserois dire qu'il y ait parmi eux de grands poëtes. Cependant la poéfie est l'art qu'ils paroiffent cultiver avec plus de fuccès, & le talent qui obtient parmi eux les plus belles récompenfes.

Les favans pauvres fe rassemblent le foir dans les cafés. Les orateurs y lifent les hiftoires des hommes célèbres ; les poëtes y récitent leurs ouvrages en se promenant dans le café d'une manière analogue à leur goût. Dès qu'ils ont fini, ils font la quête pour obtenir de leurs auditeurs une rétribution volontaire.

Ce plaisir est celui que les Arabes goûtent avec le plus de satisfaction dans ces espèces de tavernes. Car la sobriété les y accompagne, & on n'y sert d'autres liqueurs que du café sans lait & sans sucre. Ils s'exercent aussi à plusieurs jeux & entr'autres à celui des échecs dans lequel ils excellent ; mais ils ne jouent jamais d'argent. Quand ils sont privés d'orateurs, ils restent quelquefois des heures entières à la place qu'ils ont prife en entrant, fans dire un mot à leurs voifins. Les Arabes n'aiment pas plus la promenade que les Perfans.

Les arts, en général, font négligés en Arabie. Il n'y a aucune imprimerie dans le pays, & les Mahométans ne l'y introduiront pas fitôt fuivant les apparences. Non que le clergé & la multitude d'écrivains qui font fous fa protection s'y oppofent, comme on le croit en Europe, mais parce que les lettres Arabes modernes, liées enfemble, fouvent placées l'une fur l'autre & entrelacées, paroiffent plus belles quand elles font manufcrites que lorfqu'elles font imprimées. On ne trouve parmi les

Arabes ni peintres, ni sculpteurs. Vous avez vu que la religion Mahométane s'opposoit aux progrès de ces arts, elle ne s'oppose pas moins à ceux de la musique qui est absolument ignorée des Arabes.

LETTRE CCXVI.

De Moka.

LA chronologie, Madame, n'est pas une science que les Arabes cultivent avec succès. Ils partagent leurs jours en vingt-quatre heures, qu'ils comptent depuis un soleil couchant jusqu'à l'autre. Ils forment leurs mois selon le cours de la lune, & le premier soir où ils voient la nouvelle lune est le premier jour du du mois. Si le tems est couvert à l'époque où elle doit paroître, ils commencent alors un mois plus tard.

Il n'est point de demi-savant Arabe qui n'ait connoissance des douze signes du zodiaque & qui n'ait entendu parler des maisons de la lune, mais peu d'entr'eux connoissent l'état du ciel étoilé. Cependant comme les Arabes dorment en plein air, on pourroit croire que cette habitude leur a donné occasion d'étudier les astres, mais ils ne sont pas plus instruits dans cette science céleste que ne le sont nos pâtres & nos laboureurs d'Europe. J'ai pourtant vu des tables astronomiques & des dessins des constellations parmi les Arabes, qui les aident à connoître toutes les grandes étoiles ; mais aucun d'eux ne s'exerce à l'astronomie pratique, les instrumens nécessaires leur manquent absolument, quoiqu'ils soient très-portés à se livrer à cette sublime observation. Au surplus je n'ai point vu d'almanach chez les Arabes, & l'on se soucie si peu de faire connoître les saisons en Arabie au public, que le peuple n'est guère instruit que vingt-quatre heures d'avance, du jour d'une fête solemnelle.

Les Arabes ne connoissent pas d'autre langue que la leur ; ils ignorent nos découvertes modernes dans l'astronomie, ainsi que nos savantes corrections dans les calculs qui appartiennent à cette science. J'ai vu cependant dans quelques grandes villes de l'Arabie certains lettrés qui avoient déterminé une éclipse de soleil ou de lune. Les astrologues & tous les Arabes sensés sont persuadés que la terre cause une éclipse de lune, & que la lune, située entre le soleil & la terre, cause une éclipse de soleil. Mais le peuple croit fermement que les corps célestes ne s'obscurcissent que lorsqu'un grand poisson les poursuit. Alors les femmes & les enfans s'empressent de porter au haut de leurs maisons des chauderons ou des bassins de métal, avec lesquels ils font un charivari horrible, dans l'intention de chasser ce poisson malfaisant. Pendant mon séjour à Sana, ville principale de l'Yemen, la lune se trouva un jour couverte d'un nuage épais. Comme plusieurs savans avoient annoncé une éclipse, quelques habitans se mirent alors à faire résonner leurs chauderons. Mais cette conjuration ne dura pas long-temps, parce que les enfans apprirent de leurs parens que la lune n'étoit cachée que par un nuage, & qu'elle n'étoit pas encore poursuivie par le cruel poisson.

Au surplus j'ai remarqué que tous les Arabes qui ont quelques notions d'astronomie ne l'apprennent que pour s'appliquer avec plus de succès à l'astrologie qui n'a pas moins de vogue chez les Arabes que chez les Persans ; car la considération & les récompenses y sont prodiguées aux astrologues, tandis que l'astronomie ne procure aucun avantage personnel. Les Mahométans mettent cette science au-dessus de toutes les autres & la prisent d'autant plus qu'ils s'imaginent qu'il est impossible de l'approfondir. Cette passion des Arabes pour l'astrologie est invincible, puisque plusieurs interprètes célèbres du coran regardent l'astrologie comme une science criminelle. Tous les Mahométans sont encore livrés à la plus puérile superstition. Quelques-uns ne font point de contrat important sans avoir auparavant compté les boutons de leur habit ou les grains de leur chapelet. Aussi leurs Schechs profitent souvent de cette aveugle superstition ; car s'ils ne commencent point de guerre, s'ils ne livrent point de bataille sans consulter les astrologues, ils ont soin de communiquer d'avance au principal d'entr'eux tout ce qu'ils ont résolu d'entreprendre.

Vous pouvez croire d'après cette fureur superstitieuse, que les sciences occultes, c'est-à-dire, les sortilèges attirent aussi la vénération des Arabes. Les initiés dans ces sciences mystérieuses se tiennent renfermés pendant long-tems sans manger & sans boire dans une chambre sombre. Ils y prononcent & répètent à voix haute des prières jusqu'à ce qu'ils tombent en défaillance. Ils ne manquent pas de voir dans leur extase une foule d'esprits, les divinités célestes & infernales. Toutes ces sciences occultes ne sont pas aussi sublimes les unes que les autres. Il en est qui apprennent à manger sans risque du feu, des serpens & toutes sortes de choses malfaisantes ; à changer les œufs en poulets, la poussière en fruits. Mais ce qui vous surprendra sans doute, vous, Madame, qui savez que les moines n'ont jamais voulu abuser de la crédulité des peuples, c'est que les derviches Arabes se servent de ces prétendus secrets pour en imposer à la multitude.

Cependant tous ces tours font de beaucoup inférieurs à ceux des escamoteurs célèbres de l'Europe. Les devins sont encore en grand nombre dans l'Arabie. Tous les habitans observent des jours heureux & malheureux. Il semble que les impostures dont Mahomet fut obligé de se servir pour assurer sa législation & son empire, ont germé chez ce peuple superstitieux.

La médecine n'est pas aussi honorée en Arabie, que dans les autres contrées orientales. Les Arabes vivent en général d'une façon si régulière qu'ils sont rarement malades, & quand ils ont besoin d'un médecin, ils le récompensent rarement de sa peine, la plupart ne lui payant que la somme qu'il a avancée pour les remèdes. Si le malade meurt, le médecin obtient difficilement un juste salaire, & s'il se rétablit, ses services sont bientôt oubliés. Aussi la plûpart des médecins Arabes prennent les avances & se font payer de leurs malades avant d'en entreprendre la guérison. Je n'ai point connu dans mon voyage de célèbres médecins ; cependant ils sont presque universels, car ils sont en même tems, chimistes, apothicaires, chirurgiens, médecins d'hommes & de chevaux.

Les Arabes ont beaucoup de remèdes domestiques dont ils ont une théorie exacte & qu'ils pratiquent avec le plus grand succès. J'ai vu dans les montagnes de l'Yemen un payfan frapper un certain arbre fpongieux, en recueillir une liqueur blanche comme du lait, en avaler quelques gouttes comme purgatif, en me difant qu'une dofe plus forte lui feroit mortelle. Vous ferez charmée d'apprendre que l'inoculation eft commune dans l'Arabie & qu'elle eft connue & pratiquée depuis un tems immémorial.

LETTRE CCXVII.

De Moka.

Il est très-difficile, Madame, à un voyageur d'apprendre au juste le degré de fertilité de toutes les provinces de l'Arabie; attendu qu'il ne peut pas reconnoître par lui-même les productions qui abondent dans chaque contrée; il lui est même impossible de se former une idée juste de la manière dont on cultive les terres, parce qu'il est obligé ici de fixer son séjour dans les villes & qu'il ne voit le travail des laboureurs qu'en passant.

Le terroir de l'Arabie n'est pas également fertile, ainsi la culture varie à proportion du climat. Les instrumens du labourage sont ici très-grossiers & peu propres aux travaux. Les Arabes se servent d'une mauvaise charrue pour remuer la terre en long & en large, jusqu'à ce qu'elle soit assez déliée. Cette charrue est tirée par des bœufs au lieu de chevaux. Au lieu d'une bêche les Arabes se servent d'une pioche de fer pour labourer leurs jardins & les terres des montagnes trop étroites pour y faire passer la charrue. Au surplus la culture est très-pénible dans presque toutes les provinces de l'Arabie, parce qu'il faut arroser avec exactitude. Dans plusieurs endroits on est obligé de faire des chaussées autour des champs

champs pour que l'eau qu'on y conduit, puisse y séjourner & les rendre fertiles. Les terres des montagnes, de même que les terrasses des jardins où croît le café, sont en partie soutenues de murailles pour en rendre le terrein horisontal: on pratique ordinairement sur cette muraille une chauffée de terre pour retenir l'eau.

J'ai remarqué que l'Yemen étoit la province la mieux cultivée de l'Arabie, quoique les travaux y soient très-pénibles. Les propriétaires qui, n'ayant point de source dans le voisinage, ne peuvent se procurer l'avantage d'en conduire sur leur terrein, sont obligés vers le tems de pluie de faire des digues de pierre & de broussailles dans le chemin, & en pente vers leurs champs, pour y conduire les eaux, car s'ils faisoient ces chauffées en travers, l'eau les emporteroit. Quand le premier champ est assez arrosé, on en fait écouler l'eau sur le second; ces ruisseaux se perdent avant de quitter les montagnes, les plus grandes vont quelquefois se jetter dans la mer. Il n'est pas rare de voir dans les montagnes de l'Yemen de magnifiques réservoirs murés, assez grands pour y rassembler une bonne quantité d'eau qui sert à arroser les terreins bas. Les Arabes ensemencent leurs terres de deux manières. Tantôt un semeur seul portant un petit sac de graines les répand en petite quantité dans les fillons, & en avançant il pouſſe la terre des deux côtés du fillon avec les pieds pour recouvrir la femence. Mais plus fouvent c'eſt un femeur qui marche derrière le laboureur & qui jette dans le fillon la femence que l'autre, en retournant, couvre de terre avec ſa charrue. Ces deux manières d'enfemencer font fort pénibles, parce que le femeur doit faire autant de tours qu'il y a de fillons; mais les Arabes font dédommagés de cette peine en quelque forte, parce qu'attendu la régularité de leur climat, ils employent moins de femence que les Européens, & que d'ailleurs le payfan peut compter que fon grain ne séchera ni ne pourrira dans la terre. J'ai admiré quelques champs aux environs de Moka, où les plantes sembloient avoir été mises au cordeau, ainsi que nos choux blancs en Europe ; ce sont les plus beaux champs que j'aie vus. Toutes les tiges étoient de la même hauteur, & on n'y distinguoit pas la moindre feuille de mauvaise herbe. Le même grain venoit assez mal dans les champs voisins, preuve évidente que tous les paysans n'étoient pas également laborieux. Le tems auque les bleds & les fruits mûrissent en Arabie, ne varie pas seulement suivant que les cantons sont situés au nord ou au sud, mais aussi selon qu'ils sont sur des hauteurs ou dans des plaines, & sur-tout suivant leur irrigation. Quand les bleds sont mûrs, les Arabes les arrachent avec la racine ; quant aux bleds verds & aux herbes destinées au fourrage, ils les coupent avec une faucille. Lorsque le grain doit être battu, ils posent le bled par terre en deux rangées, épis contre épis, après quoi ils font rouler par-dessus une grosse pierre tirée par deux bœufs. Vous jugez par ces descriptions que l'agriculture est susceptible de beaucoup d'amélioration en Arabie ; mais quand on y détruiroit les causes physiques qui en retardent les progrès, il faudroit vaincre encore l'insouciance naturelle ou plutôt raisonnée qu'ont tous les Mahométans pour le premier & le plus utile des arts.

LETTRE CCXVIII.

De Moka.

Dans les tems reculés, l'Arabie n'étoit pas moins célèbre, Madame, par son encens que par son or. Cependant tout l'encens que les pays septentrionaux tiroient de cette contrée ne provenoit pas du terroir de l'Arabie; les Arabes plus commerçans alors qu'ils ne le sont aujourd'hui en faisoient venir des pays étrangers. Actuellement soit que cette culture soit absolument négligée, soit qu'effectivement l'Arabie ait joui relativement à l'encens d'une réputation ufurpée fur les contrées qu'elle mettoit à contribution, cette branche de commerce n'appartient plus à l'Arabie; des Arabes eux-mêmes font très-peu de cas de leur encens, puifque les perfonnes riches fe fervent ordinairement de l'encens des Indes, qui eft généralement plus eftimé par les marchands que celui qui croît en Arabie.

L'arbre du café eft maintenant la plus remarquable production de l'Arabie. On le cultive particulièrement à l'oueft des grandes montagnes qui traverfent l'Yemen. On dit que les Arabes ont défendu fous des peines fort févères d'exporter cet arbre, & que les Hollandois, les François, les Anglois ont trouvé cependant moyen d'en transporter dans leurs colonies ; mais le café de l'Yemen a toujours la préférence, fondée sans doute sur ce que les Européens ne cultivent pas le leur sous le même degré & sur des montagnes aussi élevées, & où il règne une température d'air aussi réglée que dans l'Yemen. Les Arabes mangent les bourgeons de cet arbre par amusement & par friandise.

Un autre arbre précieux que produit l'Arabie, c'est celui du baume de la Mecque. Il se trouve en diverses contrées de l'Yemen ; on en recueille aussi le fruit en abondance aux environs de Médine. La manne croît dans plusieurs cantons ; la récolte s'en fait dans les mois de juillet & d'août. Les habitans du pays disent qu'elle est plus abondante après un brouillard fort épais ou pendant un tems humide, que pendant les jours sereins. On la recueille de trois manières différentes selon lesquelles elle diffère de qualité. Quelques-uns vont au bois, avant le soleil levé, la ramasser sur un linge en secouant les feuilles ; elle est alors toute blanche, & cette sorte est la plus belle. Quand on ne la prend pas le matin & qu'il survient de la chaleur, la manne se fond aux rayons du soleil, mais elle ne se dissipe pas, elle augmente au contraire & s'épaissit de jour en jour sur les feuilles. Pour obtenir cette espèce de manne, on en emporte les feuilles que l'on jette dans l'eau bouillante, & sur laquelle la manne surnage comme de l'huile. La troisième sorte de manne & en même tems la moins estimée, est celle que l'on pile avec la feuille.

Quoique les Arabes ne boivent pas de vin, ils cultivent les vignes avec beaucoup de soin. On en voit de plusieurs sortes en quelques contrées ; & les vins de l'Yemen sont aussi estimés que ceux de Perse.

L'Arabie produit encore un grand nombre d'arbres fruitiers étrangers à nos climats. On y trouve des noix de cocos, des pommes de grenade, des abricots, des pêches, des amandes, des noisettes, des poires, de la mirrhe, de l'aloës, des tamarindes, &c. Les peupliers, les sapins, les cèdres ornent aussi les campagnes de l'Arabie.

Le maïs ou bled de Turquie, le petit millet, l'orge, les fèves, les lentilles, la navette, les cannes de sucre, le tabac, le coton, font encore des productions de l'Yemen & de plusieurs provinces fertiles de l'Arabie. Le séné, le sel, l'indigo & plusieurs autres herbes propres à la teinture s'offrent à l'industrie des Arabes. Mais elle est bien dégénérée depuis que l'Arabie n'est plus l'entrepôt du commerce des Indes, c'est-à-dire, depuis que les peuples du Nord ont étendu leur navigation.

Il se peut que les Grecs aient anciennement trouvé beaucoup d'or en Arabie, mais on n'y voit actuellement que celui qu'on y apporte des pays étrangers. On en chercheroit vainement dans les rivières ou dans les mines. Aussi lorsque les Arabes voyent un étranger bien fourni de ce métal, ils ont une grande vénération pour lui, & ils s'imaginent qu'il possède la pierre philosophale, objet de leur amour & de leurs recherches. Il y a lieu de soupçonner que le fer abonde en Arabie, mais les mines n'en sont pas avantageusement exploitées ; d'ailleurs ce fer est moins bon que celui qu'on apporte des pays étrangers, & reviendroit à un plus haut prix, tant par la disette de bois qu'à cause de l'ignorance des Arabes. Il n'en est pas de même des mines de plomb ; elles sont riches, abondantes & sont une des principales branches du commerce de l'Arabie.

Ce pays n'est pas tout-à-fait dépourvu de pierres précieuses. On trouve des onyx dans la province de l'Yemen, & dans les environs de Moka des pierres fort ressemblantes à la cornaline. On en fait un grand transport tant à la Chine qu'en Europe. Je ne reviendrai point sur le commerce des perles, que les Arabes ont enlevé aux

Persans. Je présume d'ailleurs que le règne minéral n'est que très-imparfaitement connu dans l'Arabie, attendu les déserts impénétrables, renfermés dans cette vaste région.

LETTRE CCXIX.

De Moka.

Les quadrupèdes sont sans doute, Madame, le patrimoine le plus utile des Arabes. Le cheval est le premier de ces animaux. Son excellence est si reconnue qu'on dit communément à un homme plongé dans le malheur, mais qui possède encore son cheval ; *ne désespère encore de rien puisque la corne du pié de son cheval se refle.* En effet, quoique l'on diftingue & chériffe par-tout les bonnes qualités de cet animal précieux, on peut dire que les chevaux ne font nulle part fi recherchés ni fi honorés qu'en Arabie. Careffés, baifés, toujours tenus extrêmement propres, ayant le plus fouvent la queue & la crinière peintes d'un rouge vif (ainfi que quelques femmes & cavaliers à prétention le pratiquent pour leur chevelure & leur barbe), ils font d'ailleurs ornés de bijoux & de talifmans qui préfervent du coup d'œil de l'envieux & de maints accidens. En un mot, ce font des êtres à-peu-près raifonnables, qui vivent en famille avec leurs maîtres & font prêts à sacrifier leur vie pour eux. Cependant les Arabes n'accordent pas à tous les chevaux les mêmes marques de diſtinction. Ils les diviſent en deux claſſes. Dans l'une de ces claſſes ſont compris les chevaux de race inconnue, qui ne ſont pas plus eſtimés en Arabie que les chevaux ordinaires ne le ſont en Europe, & qui ſont deſtinés à porter les fardeaux, & à ſeconder leur maître dans tous des ouvrages de fatigue. Il faut qu'un cheval ſoit noble pour s'attirer la conſidération des Arabes; & cette nobleſſe n'eſt pas de fraîche date, puiſque la généalogie de ces chevaux eſt conſtatée depuis près de deux mille ans. Les Arabes font descendre en droite ligne ces illustres chevaux des haras de Salomon. Aussi sont-ils d'un prix excessif. On les vante comme très-propres à soutenir les plus grandes fatigues, & à passer des journées entières sans nourriture. Ils se jettent avec impétuosité sur l'ennemi, & l'on assure que plusieurs chevaux de cette race, lorsqu'ils sont blessés dans une bataille & qu'ils se sentent hors d'état de porter plus long-tems leurs cavaliers, se retirent de la mêlée & les mettent en sûreté. Si le cavalier est par terre, ils restent près de lui & ne cessent de hennir jusqu'à ce qu'il soit secouru. Ces quadrupèdes intelligens ne sont ni grands ni beaux, mais les Arabes prisent en eux leur race & leurs qualités. On ne s'en sert d'ailleurs que pour les monter & jamais pour aucun autre travail.

Les Arabes manquent à la vérité de tables généalogiques pour prouver la descendance exacte de ces chevaux ; cependant ils peuvent être assez sûrs de leur race, parce qu'ils font toujours couvrir les jumens en présence de témoins Arabes ; & quoique les Arabes ne se fassent pas toujours scrupule de faire un faux serment, il est sans exemple qu'ils aient jamais signé une fausse attestation touchant la naissance d'un cheval, parce qu'ils sont très-persuadés que toute leur famille seroit détruite, au cas qu'ils déposassent contre la vérité. Ainsi lorsqu'un étranger a une jument de cette race & qu'il veut la faire couvrir par un étalon, il est obligé de faire appeler un Arabe pour témoin ; celui-ci reste vingt jours entiers auprès de la jument, afin d'empêcher qu'aucun étalon roturier ne la déshonore. Pendant ce tems-là elle ne doit pas voir même de loin ni cheval entier, ni âne. Lorsqu'elle met bas, le même témoin assiste à la naissance du poulain, dont le certificat est expédié juridiquement dans les premiers sept jours. On donne ordinairement à ce témoin un habit pour récompense.

Quelle que soit la noblesse de

ces chevaux, il paroît qu'ils font moins estimés dans les pays voisins que dans l'Arabie. Les Turcs préfèrent leurs coursiers de parade à ces agiles coureurs. Plusieurs seigneurs Arabes même possèdent un grand nombre de chevaux trop beaux & trop grands pour être issus de la race des nobles. Cela n'empêche pas que les marchands étrangers ne fassent encore un commerce très-avantageux de ces chevaux dont l'agilité & la sobriété dédommagent souvent du prix exorbitant auquel on les achète.

Des amateurs Anglois n'ont pas hésité de mettre jusqu'à deux ou trois mille écus à l'achat de chevaux Arabes. Ils sont même parvenus à se procurer quelques bonnes jumens, ce qui est beaucoup plus difficile; car, soit scrupule ou politique intéressée, les chefs des haras ne se prêtent pas volontiers à ce que les jumens soient transportées hors du pays, & particulièrement chez les Chrétiens. Telle est, à ce que je présume, l'origine de ces coureurs Anglois si vantés en Europe; sur quoi il faut observer que leur légéreté, c'est-à-dire, une partie de la bonté primitive de la race, n'a pu, eu égard à la température de la grande Bretagne, y être entretenue que par des précautions & des soins très-assujettissans.

Les Arabes qui sont, pour ainsi

dire, nés cavaliers, ont des principes très-différens des nôtres sur la manière de monter, dresser & nourrir ces animaux. Leur selle a les arçons plus élevés que les nôtres; c'est un simple panneau ferme & léger, détaché des coussinets. Ceux-ci débordent un peu, & étant formés d'un feutre doux, ils s'appliquent contre la peau de l'animal, de sorte qu'il ne peut que rarement être blessé dans les courses & les voyages les plus difficiles. Leur façon de se tenir à cheval est aussi fort différente de la nôtre d'autant que leurs porte étriers sont très-courts. Cette méthode ne réunit pas la noblesse, la facilité & la liberté dont nos cavaliers font parade, mais elle est moins fatigante, & ce qui lui assure quelques avantages, c'est qu'elle semble obvier à plusieurs inconvéniens. Au surplus les Arabes nous disputent encore cette supériorité de graces & d'agrément. Bons écuyers, habiles à tirer avec adresse & précision un très-brillant parti de leurs chevaux, soit à la guerre, en combat singulier ou dans un tournois, ils soutiennent que, sur un objet de cette nature, la meilleure grace de convention ne peut arbitrairement être isolée du but de la plus grande utilité possible.

Sans décider sur ces prétentions, je me bornerai à observer que les Arabes sans négliger de donner à leurs chevaux de bonne race différens airs nobles & relevés, s'occupent sur-tout à les dreſſer aux habitudes & aux exercices dont l'objet puiſſe être utile à un guerrier. Ainſi ils s'attachent à les faire vivre mâles & femelles paiſiblement enſemble; à les aſſouplir des hanches & des épaules ; à les rendre obéiſſans aux aides ou ſeulement à la voix. Ils les exercent à marcher un pas allongé, à partir de vîteſſe, à courir & caracoller ſur toutes ſortes de terreins, à franchir les haies ou les foſſés, à s'arrêter court ou à faire la demi-pirouette au milieu de la courſe la plus rapide, à galopper avec légéreté, à fournir des paſſades furieuſes, enfin à faire des

des voltes redoublées, toujours avec prestesse & précision. Ils les habituent aussi à nager, à s'approcher sans inquiétude du feu, des éléphans, des chameaux ou des bêtes féroces. Le cheval Arabe suit son cavalier s'il met pied à terre & reste en place devant sa lance, il s'arrête si son maître vient à tomber. Cet animal supporte avec courage la faim, la soif & l'intempérie des saisons, & il reste sans murmure sellé & bridé pendant la nuit, afin d'être toujours prêt en cas d'alerte. En un mot, c'est au cheval Arabe que s'applique la superbe description du livre de Job. Ce patriarche compare la légéreté d'un cheval de race à celle d'une sauterelle; il ajoute: le soufle de ses narines est celui de la fierté; au bruit de la trompette il frappe du pié la terre, il écume, il frémit & ne respire que combats. Enfin la voix des chefs, les cris de l'armée se font entendre: il dit *vah*, & dédaignant le péril, il bondit de joie en s'élançant sur l'ennemi.

C'est ainsi que les Arabes industrieux à la faveur d'un régime convenable, d'une éducation soignée & d'une douce familiarité, ont su développer & même perfectionner toutes les facultés du corps & de l'instinct dont la nature a doué ce superbe animal.

LETTRE CCXX.

De Moka.

L'Arabie, Madame, possède encore un grand nombre d'animaux domestiques. On distingue parmi eux les ânes, les chameaux & les dromadaires. Les ânes se divisent, ainsi que les chevaux, en deux classes. L'une de ces classes est aussi peu estimée en Orient qu'en Europe, mais les ânes qui appartiennent à la seconde sont grands & courageux; ils sont même plus propres aux voyages pénibles que les chevaux. Cette qualité les rend excessivement chers. On voit aussi plusieurs espèces de chameaux en

Arabie. Les dromadaires qui s'y trouvent n'ont qu'une bosse sur le dos, & ne se distinguent guère des chameaux, que parce qu'ils sont plus légers & plus propres à la course.

Le chameau, animal docile & patient, partage les travaux de l'homme dans ces contrées. Il sert à transporter les marchandises ; il ploie ses genoux au commandement de son maître pour recevoir sa charge ; il la porte d'un pas égal & tranquille à travers des déserts arides, supportant la soif pendant plusieurs jours ; enfin il n'est pas utile seulement aux voyageurs qu'il voiture ainsi que leur bagage, il leur fournit en outre la nourriture

& l'habillement. Il faut vous observer cependant que l'Arabe ne se détermine à immoler son compagnon de voyage, & à s'en nourrir, que lorsqu'il se trouve pressé par la faim, & engagé dans l'immensité d'un désert.

Les chameaux qui sont presque toujours d'un naturel doux & flegmatique, deviennent très-dangereux pendant le tems de leurs amours ; alors ils mangent très peu ; leurs cris, l'inquiétude de leurs mouvemens, leur bouche écumante, tout indique la violence de leur situation. Dans ces momens quelques-uns d'entr'eux paroissent ne plus connoître personne ; & comme leur mâchoire est forte & armée de dents canines redoutables, ils feroient des morsures très-dangereuses, si l'on n'avoit soin de les emmuseler. Au surplus cet animal est moins vigoureusement constitué en Arabie que dans les contrées montueuses de la Tartarie & de la Perse où quelquefois l'on éprouve un froid très-piquant. Il ne seroit donc pas impossible de naturaliser heureusement dans les provinces méridionales de l'Europe, ce quadrupède si utile dont le poil est précieux, le lait abondant, la chair saine, & qui peut passer avec fondement pour le plus sobre de tous les animaux.

Les campagnes fertiles de l'Arabie sont couvertes de troupeaux immenses de vaches, de chèvres & de brebis. Les bœufs & les vaches de cette contrée ont à l'épaule au-dessus des jambes de devant une élévation ou morceau de graisse qui, comme au chameau, est plus grande à proportion que ces animaux sont plus gras.

Mais si les animaux utiles abondent en Arabie, cette contrée est aussi désolée par plusieurs bêtes malfaisantes. On y trouve dans plusieurs provinces des renards, des singes, des caméléons & des lézards. Les singes de l'Yemen sont d'une souplesse & d'une adresse merveilleuse. Ils défrayent une quantité d'instituteurs qui vont faire admirer leur agilité dans les pays étrangers. Les fauterelles abondent en Arabie. J'en vis une grande nuée à Dsjidda. Pendant cette espèce d'orage il en tomba une quantité fur les toîts des maifons & dans les rues. S'il y avoit une police induftrieufe dans ce pays, on pourroit les étouffer dès leur naiffance, ce qui coûteroit peu de peine & préviendroit les funeftes ravages qu'elles font. Cet animal pernicieux fe divife en plufieurs efpèces. Un Arabe m'inftruifit des différentes fortes de fauterelles qui défoloient fa patrie. Je ne vous en ferai point l'énumération, je me bornerai feulement à vous obferver que la plûpart de ces animaux font un mets très-friand pour les Arabes.

Ils recherchent entr'autres la fauterelle rouge & la fauterelle légère qui, comme elles font de parage, arrivent très-maigres en Arabie, mais s'engraiffent bientôt au grand dommage des habitans. Ce même Arabe m'a parlé beaucoup d'un oifeau deftructeur de cette gent pernicieufe, mais je n'ai pas eu l'avantage de voir cet animal fi redoutable aux fauterelles. On le dit noir, plus grand qu'un moineau & nullement agréable au goût: on affure qu'il détruit chaque jour un nombre incroyable de fauterelles; on prétend néanmoins que les fauterelles fe défendent quelquefois contre lui, & le dévorent avec fes plumes quand elles l'ont une fois accablé par leur nombre. Les Arabes ont recours à une cérémonie superstitieuse, lorsque les sauterelles se multiplient trop. Alors le gouvernement envoie des hommes dignes de foi à une source miraculeuse située près de Mosul ville frontière de Perse. Les envoyés remplissent de cette eau salutaire une caisse si hermétiquement enduite, que l'eau ne peut ni s'évaporer ni se répandre avant leur retour. Depuis la source jusqu'à la ville qui les a envoyés, cette caisse doit toujours être entre le ciel & la terre, sans qu'on la pose sur le sol, ni qu'on la mette sous un toît, à moins qu'on ne veuille que l'eau perde toute sa vertu. Lorsque toutes les précautions requifes ont été ftrictement obfervées, le peuple s'imagine que l'oifeau terrible, fléau des fauterelles, accompagne l'eau merveilleufe & refte dans le pays jufqu'à ce que la caiffe foit tarie.

Ce n'eft pas une petite étude à faire que celle des animaux que les Mahométans regardent comme purs ou impurs. J'ai appris d'un favant de Bafra qu'une loi générale interdifoit aux Mufulmans tout animal qui dévore les hommes ou qui par fa nature cherche à les déchirer. Ils n'ofent pas manger davantage d'une bête qui a été tuée par une autre. Le gibier dont les chiens auroient léché le fang leur eft permis, mais il eft défendu fi les chiens en ont mangé. Ce seroit être criminel que de se nourrir d'une bête tuée sans effusion de sang ou assommée. En général les Mahométans n'osent manger aucun animal, aucun oiseau qui n'a pas saigné. Ainsi s'il a été tué d'une pierre tranchante qui lui a tiré du sang, ou s'il tombe d'un coup de pierre & vit assez pour que le chasseur ait le tems de lui couper la gorge, on peut le manger. Comme un zélé Mahométan ne doit rien entreprendre sans prononcer ces mots, *au nom de Dieu qui est grand*, il faut qu'un chasseur dise ou pense ces mots toutes les fois qu'il tire sur du gibier, ou qu'il le fait prendre par ses chiens ou par ses faucons. Enfin comme

comme il ne peut pas toujours être bien certain que l'animal ait été tué suivant les loix de sa religion, c'est peut-être par cette seule raison qu'un Arabe ne se soucie pas du gibier que l'on recherche si fort en Europe. Presque tous les animaux malfaisans, tous ceux qui ont de la voracité sont regardés comme animaux impurs. On range dans cette classe tous les oiseaux de proie. Le serpent, le scorpion, la tortue, le hérisson sont aussi exclus de la table des Musulmans.

De tous les animaux qui vivent dans l'eau, les Mahométans ne mangent que le poisson, encore n'en mangent-ils pas de toutes les sortes. Ceux qui sont regardés comme purs & mangeables, doivent, suivant les livres des anciens interprêtes de l'islamisme, être pris tout vivans au filet, ou à la main, lorsque l'eau, en se retirant, les laisse à sec sur le rivage. Cependant il y a de grandes controverses sur les espèces de poisson permises, entre les théologiens Mahométans; & les plus savans lettrés tombent rarement d'accord sur cet objet. Mais malgré toutes les prohibitions, les Musulmans ne sont pas assez zélés pour souffrir la faim ou la mort plutôt que de manger d'un animal impur; & il faudroit être bien sévère pour les blâmer de cette désobéissance.

LETTRE CCXXI.

De Moka.

JE dois vous parler, Madame, d'un fléau désastreux qui désole particulièrement l'Arabie, quoiqu'il étende aussi ses ravages dans la Perse, dans les Indes & même dans l'Espagne. Ce fléau redoutable est le vent que l'on nomme samiel. Il est sur-tout à craindre dans les grandes chaleurs de l'été. On assure que les Arabes du désert ont l'odorat assez fin pour prédire l'arrivée de ce vent empoisonné. On dit aussi qu'on peut le reconnoître à une marque certaine, parce que le ciel, du point dont ce vent souffle, paroît rougeâtre. Les Arabes se couchent ventre à terre lorsqu'ils sentent l'approche du samiel. Ils disent que la nature enseigne aux animaux à tenir la tête baissée dans cette circonstance. J'ai fait moi-même l'expérience de ce remède singulier, car ayant été surpris de ce vent pestiféré, avec une caravane sur le chemin de Basra à Haleb, les Arabes ayant crié à tems que l'on se jettât à terre, aucun de ceux qui prirent cette précaution ne périt : les autres qui crurent n'avoir rien à craindre devinrent les victimes de leur témérité, entr'autres un chirurgien François qui vouloit approfondir ce phénomène.

Suivant le récit des Arabes les

hommes & les animaux sont étouffés par ce vent meurtrier. Quand quelqu'un en est étouffé, le sang lui sort avec impétuosité par le nez & par les oreilles deux heures après. Le cadavre conserve long-tems sa chaleur; il enfle ensuite, devient bleu & verd; enfin quand on veut le soulever, les membres se séparent les uns des autres. Les Arabes ont observé que ceux qui étoient moins abattus & moins fatigués succomboient plus rarement que les autres sous l'ardeur de ce soufle empoisonné. Il n'est pas même extraordinaire que plusieurs de ceux qui en sont été frappés dans cet état, se rétablissent à la faveur des rafraîchissemens que portent toujours les Arabes en voyage. Les rafraîchissemens les plus communs sont l'ail & les raisins secs dont ils se servent avec succès pour rappeler à la vie les personnes qui n'ont pas été entièrement étouffées.

Tels sont les effets de ce vent redoutable, qui effraient presque toutes les années les Arabes. Les autres vents qui règnent en Arabie ont des effets divers suivant la nature & la situation des contrées voisines. Ceux qui viennent de la mer sont si humides que les tables en sont quelquefois mouillées, lorsque l'on veut souper en plein air. Ils amènent d'ordinaire un calme parfait dans les plus grandes chaleurs, & occasionnent par là des fueurs excessives. Les vents secs du nord-ouest ne sont pas si incommodes, à cause du mouvement qu'ils procurent à l'air; cependant ils semblent être beaucoup plus chauds pendant l'été que les vents du sud, & ils échauffent tous les corps solides, ceux mêmes qui ne sont pas exposés à l'ardeur du soleil.

Comme le soleil est presque perpendiculaire sur l'Arabie pendant le solstice d'été, la chaleur y est si grande pendant les mois de juillet & d'août, que sans un cas de nécessité pressante, personne ne se met en route depuis onze heures du matin jusqu'à trois heures de l'après-midi. Les Arabes travaillent rarement pendant ce tems-là. Ils l'emploient pour l'ordinaire à dormir dans un souterrein où l'air circule par le moyen d'un tuyau fabriqué au milieu de cette chambre à coucher. Les gens riches font arroser les rues pour rafraîchir l'air. D'autres se contentent de condamner les portes & les fenêtres. On voit, quoique rarement, pendant ces mois des personnes tomber expirantes de chaleur ; quelquefois même les animaux les plus robustes en sont les victimes. La rosée est ordinairement abondante dans les pays chauds, principalement sur les terres arides, & sur la côte orientale du golfe Persique. Dans les endroits où la rosée n'est point malfaifante, on dort communément en plein air, fur les terraffes des maifons. Cette manière de coucher eft très-pernicieufe dans certaines contrées de l'Arabie, mais les Orientaux évitent le danger, en fe couvrant pendant la nuit le corps & le vifage ; les étrangers doivent adopter cette falutaire habitude, s'ils veulent fe mettre à l'abri de la rofée & des vents nuifibles qui leur deviendroient certainement funeftes.

On voit quelquefois dans les pays chauds ce qu'on nomme étoiles tombantes, mais on ne connoît point en Arabie les lumières boréales. C'eft fur-tout dans les montagnes qu'on obferve le phénomène des étoiles tombantes, & que leur lumière répand le plus d'éclat; car dans les villes & dans les environs de la mer l'horifon est toujours moins net, & l'on peut à peine y déterminer avec précifion la hauteur du pôle par celle des étoiles.

Au furplus, l'Arabie est fi étendue que les habitans vivent comme s'ils étoient fous des climats différens, & l'on y trouve dans quelques provinces & à une petite diftance diverfes efpèces de fruits & d'animaux, que l'on ne raffembleroit ailleurs qu'en les tirant de pays fort éloignés.

LETTRE CCXXII.

De Suez.

UN voyageur, pour peu qu'il soit chrétien, ne peut pas, Madame, parcourir l'Arabie sans ressentir un desir violent de connoître le pays miraculeux, *où sur le mont Sina la loi nous fut donnée.* Ainsi quoique je n'ignorasse pas que cette contrée célèbre étoit maintenant inhabitée, j'aurois cru néanmoins perdre tout le fruit de mon voyage, si je n'eusse visité ces régions fameuses par tant de prodiges. Pour satisfaire ma dévote curiosité je me suis rendu, en compagnie d'une nombreuse caravane, à Suez, où probablement il y avoit autrefois un port pour les vaisseaux marchands, quoique la mer s'en soit retirée par la suite des tems.

J'ai remarqué quatre mosquées & une église Grecque dans cette ville. Elle est gouvernée par un capitaine ou amiral, au dessous duquel il y a un gouverneur immédiat. Ces deux officiers sont obligés de bien vivre avec un Arabe puissant qui réside dans la ville, & qui en effet s'empare de tout le pouvoir, parce qu'il seroit en état, s'il le vouloit, de leur couper les eaux que l'on fait venir précisément d'un lieu qui lui appartient, appelé Naba, situé de l'autre côté de la mer Rouge, à environ deux lieues de distance. Cet Arabe fournit d'eau les habitans de Suez qui n'ont pour toute source qu'un puits mal sain & éloigné de la ville.

Le seul commerce que fait Suez est avec Dsjidda ville voisine de la Mecque, & dont je vous ai déjà parlé. Les marchandises qu'on en exporte sont le café, l'encens, les étoffes superfines de Perse & des Indes : celles qu'on y importe consistent en blé & en riz. Elles sont apportées par de petits vaisseaux Indiens, qui ont la précaution de faire leur route cinquante jours avant le milieu de mai : autrement ils en seroient empêchés par les vents du midi, qui commencent alors à souffler : & dans ce cas il faudroit abandonner toute idée de commerce pour cette année. Le café étoit autrefois, ainsi que je vous l'ai déjà obfervé, une denrée très-bonne à exporter de ce pays; mais depuis qu'on en cultive aux Indes orientales, celui qui vient de Turquie & du Levant vaut à peine le frêt. La mer Rouge à Suez a environ un mille de largeur, & il paffe continuellement des chaloupes d'un côté à l'autre pour voiturer de l'eau, du bois & d'autres provifions; car il n'exifte guère de terroir plus ftérile que celui où eft fituée la ville. En effet il ne produit ni eau, ni bled, ni arbres, ni aucune efpèce de verdure.

Quelques jours après mon arrivée je dirigeai ma route vers la côte opposée de Suez, & je traversai les sources de Moyse qui sont certains cantons d'où l'eau sort par-tout où l'on fait un trou. L'eau en montant enlève quantité de sable & en fort peu de tems forme un entonnoir qu'il est fort dangereux, à ce qu'on prétend, d'approcher de trop près : les habitans m'assurèrent qu'il y avoit péri quantité de chameaux. Ces eaux sont d'une qualité chaude, salines & entremêlées de soufre, & l'on peut conjecturer raisonnablement qu'elles prennent leur source dans les montagnes voisines. Il se trouve des endroits où l'eau est environnée de murs, afin de la réserver pour le bétail ; ces terreins sont ordinairement entourés de trois ou quatre palmiers. En continuant notre route par les déserts sablonneux de l'Arabie Pétrée, nous apperçumes un jour plusieurs hommes qui accouroient vers nous ; nous les primes pour des voleurs, & ils nous confirmèrent bientôt dans notre opinion, car ils se retirèrent brusquement aussitôt qu'ils virent que nous préparions nos armes & que nous nous mettions en état de défense.

Le lendemain de cette rencontre nous entrâmes dans la vallée de Corondel, au bout de laquelle est une montagne qui borde la mer. On voit sur le penchant de cette montagne une grotte dans laquelle on entre des deux côtés. L'un des deux conduit par un paſſage long & étroit à une ſource d'eau chaude, dont la vapeur cauſe une tranſpiration abondante, éteint toutes les lumières, & qui ſuffoqueroit ceux qui s'avanceroient trop loin dans ſon tourbillon. L'eau coule ſur un rocher & un banc de ſable, & va ſe perdre dans la mer qui en eſt éloignée d'environ un quart de mille. Elle échauffe conſidérablement les pierres par-deſſus leſquelles elle coule & laiſſe après elle une incruſtation de ſel & de ſoufre. L'odeur de cette eau affadit le cœur, occaſionne des nauſées, & il ſeroit très-dangereux d'en prendre intérieurement. Cependant ces mêmes eaux passent pour très-salutaires, lorsqu'elles sont prises en bain. Elles sont bonnes contre les maladies des nerfs & de la peau, la stérilité des femmes & la débilité dans les hommes: mais il faut que le malade pendant l'espace de quarante jours que dure le traitement, se réduise à ne vivre que d'huile, de miel, de pain sans sel, & d'eau dans laquelle on a fait infuser des dattes.

Le pays que l'on nomme Arabie Pétrée est composé de montagnes stériles, entrecoupées par des vallées étroites & des plaines de sable. Ses habitans naturels sont des Arabes errans qui vivent sous des tentes

& ne demeurent dans un même endroit qu'autant de tems que durent leur eau, leur aliment pour le feu & le fourrage pour leurs chameaux ; enfuite ils décampent & vont fe placer ailleurs. Mais je me réferve de vous inftruire plus au long des mœurs de ce peuple qui a confervé fa précieufe fimplicité au milieu des révolutions & des guerres continuelles qui ont défolé l'Arabie.

Après quelques jours de marche nous arrivâmes à la vallée de Tor, où eft un petit village qui porte le même nom, habité par des Arabes & par environ vingt familles Grecques dont quelques-unes réfident dans un château ruiné, voisin du village. Cette vallée nourrit aussi une secte de Mahométans qui conservent un respect particulier pour la mémoire d'Abraham & de Salomon, & qui prononcent dans leurs prières le nom du dernier, conjointement avec celui de Mahomet. On trouve dans les environs de cette vallée plusieurs sources d'eau chaude, fortement imprégnées de sel. Les plus grandes curiosités de ce lieu sont des coquillages de la mer Rouge, qui diffèrent de toutes les productions marines, le corail rouge en tuyau & quelques plantes fongueuses de mer.

Nous touchâmes enfin la terre sacrée du mont Sinaï, où l'on voit un couvent dédié à la célèbre sainte Catherine, & situé au pied de la montagne. On n'entre dans ce couvent qu'à l'aide d'une machine qui vous guinde à une fenêtre élevée à trente pieds de terre. C'est la porte d'entrée & de sortie. Ce couvent s'honore de posséder le corps de la sainte auquel il est dédié ; il est desservi par des moines de la religion Grecque.

Le mont Sinaï a deux sommets. Les Arabes le nomment *Jebel-Moses*, c'est-à-dire, la montagne de Moïse, parce que beaucoup de choses remarquables y sont arrivées à ce prophète. Ce fut-là que Dieu lui apparut dans un buisson ardent ; & les pères du couvent montrent un buisson de genêt qui, disent-ils, est de la même espèce. C'est encore là que Moïse garda le troupeau de Jethro, son beau-père ; & à quelque distance plus loin il frappa le rocher d'où l'eau jaillit au même instant. Ce rocher est un granit rouge d'environ quinze pieds de longueur, dix de largeur & douze de hauteur. L'ouverture ne paroît pas avoir été fabriquée avec aucun outil ; elle a quelque chose d'assez semblable à la gueule d'un lion. Les Arabes fourent dans cette ouverture certaines herbes médicinales qu'ils donnent ensuite à leurs chameaux quand ils sont malades ; mais ils pensent que l'expulsion du mal dépend beaucoup aussi de la manière d'appliquer le remède. J'ai visité près de là le mont sainte Catherine, où chacun sait que le corps de cette sainte, après qu'elle eut souffert le martyre sous le tyran Maxence, fut porté par les anges & gardé par cette milice céleste, jusqu'à ce que le couvent, où il est maintenant déposé, fût fini. Cette montagne est la plus élevée de toutes celles du voisinage. Elle est beaucoup plus haute que le mont Sinai, & il est étonnant que le Dieu des Juifs ne l'ait pas choisie pour le lieu de la conférence à jamais mémorable qu'il eut avec son serviteur. Il a voulu, sans doute, lui épargner une partie d'un chemin aussi rude & aussi escarpé. Le sol de cette montagne est une sorte de marbre tacheté dans lequel on admire de fort belles repréfentations d'arbres & d'autres végétables. Le couvent du mont Sinaï eut pour fondatrice l'Impératrice Hélène; c'est un bâtiment irrégulier mal desfiné, mal bâti, mais muni de boulangeries, de moulins, de magafins, enfin de tous les lieux nécessaires à une communauté si fequestrée. Tout proche de l'extrêmité orientale de l'églife dans laquelle on conserve les reliques de la fainte, est la chapelle du buisson ardent que les moines affurent avoir existé dans le même endroit où l'on voit aujourd'hui une pièce de marbre blanc dont les chrétiens n'approchent qu'avec

la

la plus grande dévotion. Ils baisent respectueusement ce marbre, & n'entrent jamais avec leurs souliers dans la chapelle. Quelques petites chapelles attirent aussi sur ce mont la vénération des fidèles, ainsi que deux puits, dont l'un se nomme le puits de Moïse & l'autre le puits du saint Buisson. Saint Athanase a été un des religieux de ce monastère, ainsi que le moine Sergius, qui, dit-on, aida Mahomet à composer le coran & à digérer le système de la religion Mahométane. Les moines de ce couvent ne sont soumis à aucune autre jurisdiction qu'à celle d'un évêque, élu parmi eux, & confirmé par le patriarche de Jérusalem. En son absence les affaires temporelles & spirituelles sont gouvernées par un vice-gérent, qui toutefois ne fait rien d'important, sans la sanction d'un conseil composé de sept ou huit des membres les plus considérables de la communauté. La règle de ce couvent est très-auftère, & scrupuleusement observée par ces cénobites. Quelques-uns prétendent que Mahomet naquit dans ce monastère ; d'autres disent qu'il y fut simplement domestique. Quoi qu'il en soit, il passe pour constant que les moines le reçurent à bras ouverts, lorsqu'il alla demeurer avec eux quelque tems, & qu'en considération de leur hospitalité, il eur accorda beaucoup de privileges.

L'église qui contient les reliques sacrées de sainte Catherine est appelée la grande église de la Transfiguration. On voit sur les arcades du maître-autel les tableaux de Justinien & de l'Impératrice Théodore sa femme, très-bien exécutés en Mosaique. Les poutres qui traversent le plafond sont de bois de cyprès fort anciennes & recouvertes de plomb. Elles portent différentes inscriptions composées en l'honneur de ce couple illustre. Les Turcs ont détruit le pavé en fouillant par-tout dans l'espérance de trouver des trésors, mais il a été magnifiquement réparé dans le dernier siècle. Je n'oublierai point l'éloge de ces bons pères qui accueillent avec cordialité tous les étrangers & s'empressent de leur montrer ce qu'il y a de plus curieux dans leur monastère. Aussi en ai-je visité avec soin toutes les chapelles, les offices & la bibliothèque dans laquelle sont déposés quelques-uns des premiers livres Grecs qui aient été imprimés & un petit nombre de manuscrits; du reste cette bibliothèque n'est précieuse ni par la quantité ni par la qualité des volumes qui y sont renfermés.

Je pris enfin congé des religieux & ayant été redescendu par la même fenêtre, je m'empressai de rejoindre mes compagnons de voyage, afin de satisfaire ma curiosité par de nouvelles recherches.

LETTRE CCXXIII.

De Suez.

IL me restoit, Madame, un autre vœu à remplir dans ce voyage. Je desirois reconnoître le rivage où les enfans d'Israël, fuyant la colère de Pharaon, tentèrent le passage de la mer Rouge. Mais comme il s'est écoulé quelques milliers d'années depuis ce grand événement, avant qu'on se soit avisé de faire des recherches exactes sur les lieux où il s'est passé, on auroit maintenant de la peine à en désigner l'endroit avec certitude. Le rivage de la mer a changé ici comme par-tout ailleurs. On rencontre sur toute la côte d'Arabie des indices de la retraite des eaux. Par-tout on y trouve des pétrifications & des amas de coquillages. S'il en falloit croire d'ailleurs les relations des Arabes, Israel auroit passé la mer Rouge toujours à l'endroit précis où on leur en fait la question. En effet, au puits de Moïse je m'informai du lieu où s'étoit opéré ce passage, on me répondit que les Israelites avoient passé la mer exactement dans cet endroit. La même réponse me fut faite à Corondel. Enfin tous les Arabes des côtes reclament cet événement miraculeux en faveur du lieu qu'ils habitent.

Les incrédules, dégoûtés de

prodiges, diront que si tous les effets de la marée dans la mer du nord sont les mêmes à l'extrêmité du golfe d'Arabie, il est vraisemblable que Moïse & les principaux des Israëlites, instruits du tems de la marée, auront donné à cette circonstance naturelle tous les honneurs d'un miracle opéré en faveur du peuple choisi de Dieu.

Ces personnes qui n'aiment point le merveilleux appuieront encore leur système d'incrédulité sur ce que divers auteurs anciens, entre lesquels on peut compter Hérodote, ont remarqué qu'il y a flux & reflux sur les bords du golfe Arabique ; & les observations des auteurs modernes ont prouvé la vérité de ces remarques. Aussi, quoique grand partisan des miracles, je suis forcé de convenir qu'il est très-vraisemblable que les Israelites ont profité de la marée, & que Moïse a fait dans cette conjoncture quelqu'usage de ses connoissances naturelles.

Les Européens ont coutume de donner au golfe d'Arabie le nom de mer Rouge, cependant elle n'est pas plus rouge que les autres mers. Si l'on trouve au fond du golfe une herbe rougeâtre, elle ne domine pas assez pour qu'il en ait reçu le nom de mer Rouge. Il n'est pas plus vraisemblable d'attribuer cette dénomination à quelques petits bancs de sable ou de corail de cette couleur qui s'y rencontrent, ou à quelques montagnes voisines qui de loin paroissent rougeâtres. D'autres ont cru que les Grecs ont donné à ce golfe le nom de mer Erythrée d'après le Roi Erythrus. Mais c'est ainsi qu'on nommoit autrefois le golfe Persique. Je trouve mieux fondée l'opinion de ceux qui supposent que ce golfe a été nommé d'après le royaume d'Edom, mer Iduméenne, delà mer Rouge, parce que le royaume d'Edom mot qui signifie rouge, confine à la partie la plus septentrionale de ce golfe.

Il m'a été impossible de reconnoître le torrent d'Egypte dont l'écriture sainte fait mention. Il paroît qu'il couloit entre l'extrêmité du golfe d'Arabie & la Méditerranée. Au surplus il faudroit demeurer long-tems en Arabie pour avoir des connoissances sur tous les monumens antiques de ce pays. Lorsqu'on entend dans les montagnes de l'Yemen & dans le pays d'Hadramant nommer tant de villes dont les Arabes eux-mêmes ignorent l'origine, on est surpris de la ressemblance qui se trouve entre leurs noms & ceux des cités dont Moïse nous donne une liste dans la Genèse. Un savant trouveroit ici matière à composer des éclaircissemens historiques, jusqu'à present ignorés en Europe, sur un grand nombre de villes considérables. Il feroit des conjectures heureuses & très-bien fondées touchant la situation de plusieurs anciennes cités dont il est fait mention dans le Pentateuque, dans les écrits des prophètes, dans Pline le naturaliste & dans les historiens & les géographes de l'antiquité grecque & latine. Ses peines seroient compensées par le plaisir de trouver en tous lieux & à chaque instant des vestiges de l'antiquité, dont l'explication nécessiteroit des commentaires érudits & volumineux. Mais moi,

Qui fais des long écrits les disgraces tragiques,

je me garderai bien d'entreprendre un ouvrage au-dessus de mes forces. D'ailleurs d'autres pays m'appellent, & je vais me hâter de les parcourir

LETTRE CCXXIV.

De Suez.

Avant de quitter l'Arabie, Madame, je veux vous faire connoître les mœurs des Bedouins, c'est-à-dire des véritables Arabes. En effet, les habitans des villes Arabes, surtout de celles qui sont situées sur les côtes de la mer ou sur la frontière, ont à cause de leur commerce, tellement été mêlés avec les étrangers, qu'ils ont perdu beaucoup de leurs mœurs & de leurs coutumes anciennes. Mais les Bedouins qui ont toujours fait plus de cas de leur liberté que de l'aisance & des richesses, vivent en tribus

tribus séparées sous des tentes & gardent encore la même forme de gouvernement, les mêmes mœurs & les mêmes usages qu'avoient leurs ancêtres dès les tems les plus reculés. Ils appellent en général leurs nobles, *Schechs* ou *Scach*. Un *Schech* gouverne sa famille & tous les domestiques. Lorsqu'ils sont trop foibles pour se défendre contre leurs voisins, ils s'unissent avec d'autres & choisissent un d'entr'eux pour leur grand chef. Plusieurs de ces grands chefs choisissent à leur tour, de l'aveu des petits, un Schech plus puissant encore, & alors la famille de ce dernier donne son nom à toute la tribu. L'on peut dire qu'ils naissent tous soldats &

qu'ils font tous pâtres. Les Schechs des grandes tribus ont beaucoup de chameaux, foit pour les employer dans leurs guerres, foit pour tranfporter des marchandifes d'une ville à l'autre, foit enfin pour faire trafic de ces animaux mêmes. Les petites tribus qui font comme dépendantes des autres, élèvent des troupeaux de brebis. Les Schechs vivent fous des tentes, ils laiffent le foin de l'agriculture & des autres travaux pénibles à leurs fujets qui logent dans de miférables huttes. Ces Arabes, accoutumés à vivre en plein air, ont l'odorat fi fubtil, qu'ils retrouveront facilement un chameau égaré à une très-grande diftance, & au milieu de plufieurs troupeaux de ces animaux. Les villes leur plaifent fi peu qu'ils ne comprennent pas comment des gens qui fe piquent d'aimer la propreté, fe décident à vivre au milieu d'un air fi impur. Ils peuvent, dit-on, vivre cinq jours fans boire; & on m'a affuré que la plûpart d'entr'eux en examinant le terrein & les plantes qui y croiffent, favoient déterminer la profondeur à laquelle on doit creufer pour trouver de l'eau ; en un mot, ils font très-propres à la vie errante qu'ils mènent dans le défert.

Parmi ces peuples l'autorité refte dans la famille du grand ou petit *Schech* qui règne, fans qu'ils foient affujettis à en choifir l'aîné. Ils élifent le plus capable des fils ou des parens pour fuccéder au gouvernement. Chacun des petits *Schechs* porte la parole pour fa famille & il en eft le chef & le conducteur. Ainfi le grand *Schech* eft obligé de les regarder plutôt comme fes alliés que comme fes fujets ; car fi fon gouvernement leur déplaît & qu'ils ne puiffent pas le dépofer, ils conduifent leurs beftiaux dans les poffeffions d'une autre tribu, qui d'ordinaire eft charmée d'en fortifier fon parti. Voilà pourquoi l'on a oublié jufques au nom de quelques grandes tribus, pendant que de petites, jadis inconnues, fe font rendues célèbres. Jamais ces Arabes errans n'ont pu être entièrement subjugués par des étrangers, & l'on pourroit assurer qu'ils ne le feront jamais; au lieu que plusieurs villes septentrionales & orientales de l'Arabie ont été conquises par d'autres nations, & les plus riches places de la province d'Yemen occupées par les Persans, les Abyssins, les Ajubites & les Turcs.

Les tribus Arabes qui n'ont pas voulu habiter les villes & les villages, ni s'arêter près des grandes places, malgré la certitude d'y vendre plus avantageusement leur lait & leur beurre, ont entièrement conservé leur indépendance. Mais presque tous les autres Arabes sont en apparence soumis au Sultan, qui en retire quelques redevances par l'entremife de fes Pachas. Cependant le Sultan ne fauroit jamais donner un gouverneur Turc aux tribus Arabes; car comme chaque famille particulière peut abandonner fa tribu quand elle n'eft pas contente du Schech régnant, toute la tribu fe retireroit bientôt au fond du défert, fi l'on vouloit la forcer à dépendre d'un gouverneur Turc. Les Pachas fe bornent donc à femer la défunion dans la famille régnante & à foutenir tantôt l'un tantôt l'autre dans le gouvernement de fa tribu. C'eft de cette façon que le Shérif régnant de la Mecque s'arroge le droit de commander à quelques tribus, parce qu'il ne néglige aucune occasion d'affoiblir les grandes tribus voisines, & qu'il a soin d'exciter les petits seigneurs contre les grands, ou d'élever des guerres intestines entre les tribus. En effet, les tribus Arabes se font souvent la guerre, mais ces guerres ne sont ni longues ni sanglantes; & lorsqu'une tribu est attaquée par des ennemis étrangers, c'est-à-dire, par les Pachas Turcs, elles se réunissent toutes pour l'intérêt commun. Chaque seigneur croit être parfaitement souverain dans son district, parce que ses ancêtres y ont régné pendant quelques siècles: en conséquence il se croit tout aussi fondé à exiger des passans des présens, des péages & des droits de douane, que les autres peuples qui lèvent des impositions sur les voyageurs & sur leurs marchandises.

Les sultans de Constantinople se sont même engagés à payer annuellement à chaque tribu Arabe qui borde ou occupe le chemin de la Mecque, une certaine somme d'argent & un certain nombre d'habits, pour qu'elle ne détruise pas les puits qui sont sur le passage & afin qu'elle escorte les pélerins, au travers de son pays. Malgré cette espèce de traité, les Turcs qui conduisent les caravannes sont trop fiers pour traiter les chefs des tribus Arabes comme des souverains; ils les regardent au contraire comme des rebelles & des voleurs, qui n'ont aucun droit de demander des péages ou des préfens aux voyageurs qui vont vifiter les lieux faints ; auffi envoyent-ils annuellement des armées pour couvrir les caravannes qui vont à la Mecque, & dont les pélerins auffi bien que les marchands font communément armés. De leur côté les Arabes fur-tout en temps de guerre, & pour foutenir leurs prétentions, oppofent une armée à ces armées Turques ; & l'on auroit tort de regarder comme des bandes de voleurs, des troupes qui ont à leur tête ces grands Schechs, puifqu'ils font inconteftablement feigneurs du défert & ont le droit de s'opposer à ceux qui veulent s'ouvrir par force un passage sur leurs terres.

Les caravannes ne sont pas à beaucoup près aussi nombreuses & aussi multipliées qu'elles l'étoient jadis en Arabie. Lorsque les Egyptiens n'osoient pas aller aux Indes, ni les Indiens en Egypte, l'Arabie heureuse étoit l'entrepôt de ces deux pays. On naviguoit bien dèslors sur le golfe d'Arabie, mais comme cette navigation a toujours été réputée très-périlleuse, la plupart des marchandises se transportoient au travers de toute l'Arabie par caravannes ; ce commerce enrichissoit non-seulement les ports où les productions des Indes arrivoient, mais encore les villes du pays & même les Arabes errans qui fournissoient la plus grande partie des chameaux pour le transport. Maintenant les Arabes ne transportent pas même toutes leurs productions sur leurs propres navires; ils ont sur-tout perdu beaucoup depuis que les Européens ayant trouvé un chemin autour de l'Afrique, non-seulement se fournissent eux-mêmes de marchandises des Indes & de la Chine, mais qu'ils en pourvoient en partie les Egyptiens & les Turcs. Voilà, sans doute, une des raisons pour lesquelles l'Arabie n'est plus si célèbre qu'elle l'étoit autrefois. On peut encore attribuer sa décadence à l'introduction de la religion Mahométane ; il suffit pour s'en convaincre de comparer les Arabes actuels aux Arabes anciens ; on verra quel changement s'est opéré chez ce peuple jadis si renommé, depuis que Mahomet a courbé les habitans de l'Arabie sous le joug de l'islamisme.

LETTRE CCXXV.

De Suez.

Les anciens Arabes étoient, Madame, aussi différens entr'eux que l'avoit été à leur égard la distribution des faveurs de la nature. Tandis que les uns nés dans une terre stérile, au fond des déserts & sur des sables brûlans, s'abandonnoient au brigandage, les autres nés sous un ciel riant & dans une contrée féconde, cultivoient le commerce, les lettres & les arts. Quelques notions de l'astronomie, de la médecine & de la jurisprudence étoient l'objet de leurs études & le fruit de leurs travaux. Ils s'adonnoient sur-tout à la poésie pour laquelle il y avoit chaque année un concours solemnel où le vainqueur étoit couronné au bruit des acclamations publiques. Ils furent d'ailleurs bons guerriers & distingués par plusieurs vertus. En un mot, les trois objets dont ils tiroient leur gloire étoient leur langue, leur sabre & l'hospitalité.

Le négoce, sur-tout, y étoit cultivé. On venoit de tous les pays du monde chercher dans la partie méridionale de l'Arabie les richesses qu'elle produisoit avec tant d'abondance. Les Sabéens qui l'habitoient ne furent pas les seuls qui s'adonnèrent au trafic. Il étoit exercé par plusieurs tribus placées dans l'Arabie déferte, par celle des Coréishites entr'autres ; & plufieurs peuples de cette vafte contrée s'y livrèrent avec fuccès. Elle étoit d'ailleurs le centre & l'entrepôt général du commerce des nations.

Le gouvernement étoit femblable alors parmi tous les Arabes foit qu'ils habitaffent les villes ou les déferts. Les uns & les autres le confioient à un chef pris dans la famille la plus diftinguée & qui devenoit à-la-fois le général des armées & le juge fuprême. Ses décifions pourtant ne devoient être que celles de la loi, & la puiffance dont on le revêtoit étoit plutôt une puiffance exécutrice qu'une puiffance légiflative. Sa perfonne même n'étoit pas *inviolable & sacrée*, car s'il abusoit de son pouvoir, il étoit lui-même jugé & puni par l'assemblée du peuple.

Un gouvernement aussi sage devoit être uni à une meilleure religion ; mais la plus grande partie des Arabes étoient alors en proie à l'idolâtrie. Ils adoroient le soleil, la lune, les astres & même des arbres & des serpens. Leur vénération étoit profonde pour les objets de leur culte. Jamais ils n'alloient en pélérinage sans traîner avec eux sur des chars les simulacres & les images de leurs divinités. Le soleil recevoit leurs sacrifices sur les montagnes, la lune dans les antres & les vallons. Un coq

& un veau noir étoient les victimes ordinaires ; mais le sang humain ruiffela quelquefois autour de leurs autels, & cet ufage féroce fe retrouve parmi eux long-tems après Jefus-Chrift.

Leurs divinités principales furent long-tems Bacchus & Uranie ou Vénus célefte. Cependant quelques écrivains ont prétendu que l'Arabie entière ne fe dégradoit pas jufqu'à ce culte infenfé. Les tribus les plus fages & les plus diftinguées connoiffoient, felon eux, l'exiftence de l'Etre-Suprême & fe faifoient un devoir de lui rendre hommage. Elles croyoient à la réfurrection des morts & au jugement dernier. Par une fuite de cette croyance religieuſe, ajoute-t-on, ils lioient un chameau à la pierre ſous laquelle repoſoit le parent ou l'ami qu'ils avoient perdu, & refuſoient à cet animal toute eſpèce de nourriture : on le faiſoit périr ainſi pieuſement pour épargner au défunt la fatigue & la honte d'aller à pied lors de la réſurrection générale.

Au reſte les Arabes ne joignirent pas à l'erreur une intolérance fanatique. On ſouffroit toutes les religions dans leur patrie. Les Juifs y étoient en grand nombre depuis que la ſévérité de Titus & d'Adrien les avoit forcés à chercher un azile contre la fureur des Romains. Pluſieurs ſectaires perſécutés s'y rendoient en foule & abandonnoient avec jôie leur patrie où la discorde déshonoroit un culte ami de la paix.

Les efforts de plusieurs peuples célèbres se brisèrent long-tems contre la vaillance & la liberté de l'Arabie. Les Lacédémoniens voulurent la soumettre, mais en vain. Un des successeurs d'Alexandre ne fut pas plus heureux, & cette région n'avoit pas été comprise dans la monarchie immense que réunit Darius après la mort de Cyrus & de Cambyse. Plusieurs siècles après, Lucullus tenta d'étendre jusqu'à eux la domination Romaine ; ses exploits se bornèrent à soumettre quelques tribus. Crassus n'eut pas même ce léger succès. Ælius Gallus, envoyé par Auguste, échoüa totalement dans cette entreprise ; enfin l'Arabie long-tems échapée au joug des souverains étrangers, à celui même des maîtres du monde, devint en partie sous Trajan une province Romaine, & l'Arabie pétrée le reconnut presque entièrement pour souverain.

Beaucoup plus récemment l'Arabie heureuse qui long-tems aussi n'eut pour souverains que des Arabes, avoit été soumise aux Ethiopiens par un de ces souverains nationaux. Abraha qui gouvernoit l'Yemen au nom du Roi d'Ethiopie ayant ensuite élevé dans les murs de Sana sa capitale un temple magnifique, voulut forcer ses sujets par une loi à renoncer à la Mecque pour le lieu de leur pélérinage & à choisir en sa place le temple qu'il venoit de faire construire. Un Arabe de la tribu de Kenan, répondit à cette loi par une profanation. La guerre s'alluma, une armée nombreuse marcha vers la Mecque. Abraha qui la commandoit & quelques-uns de ses principaux officiers étoient montés sur des éléphans; & cette guerre tira son nom de ces animaux. La victoire ne seconda pas l'orgueilleuse fureur du Roi d'Éthiopie. Mahomet rapporte dans le coran les prétendus prodiges par lesquels furent suspendus les coups de ce terrible ennemi. « Ignores-tu, » dit-il, comment Dieu châtia les

» conducteurs des éléphans ? Ne
» tourna-t-il pas leur perfidie à leur
» ruine ? Il envoya des troupes
» d'oiseaux voltigeans sur leurs têtes.
» Ils lançoient sur eux des pierres
» gravées par la vengeance céleste.
» Les perfides furent réduits comme
» la feuille de la moisson coupée ».

Cette guerre religieuse est célèbre dans les fastes de l'Arabie, tant à cause du séjour révéré qu'on vouloit y détruire, que parce qu'elle sert d'époque à la naissance de Mahomet. Il avoit deux mois quand on attaqua ce temple & cette ville qu'il devoit attaquer un jour avec plus de succès & rendre, après bien des combats, le sanctuaire de la religion Musulmane.

Depuis la conquête de l'Arabie par Mahomet, cette contrée a presque toujours été gouvernée par plusieurs princes Mahométans. Mais la noblesse Arabe & la plus grande partie des montagnards se sont toujours conservés indépendans. Les Turcs conquirent le royaume d'Yemen dans le seizième siècle. Mais cette conquête ne fut jamais paisible. Le Pacha de Kaira étoit obligé d'envoyer chaque année à celui d'Yemen des gens de guerre, parce que les Arabes tuoient beaucoup de Turcs, & que ceux-ci ne pouvoient soumettre les Arabes retirés dans leurs montagnes. Le Sultan Selim reprit l'Arabie heureuse en 1568. Il y envoya Sinan Pacha, capitaine illustre par son habileté, par sa valeur & par des établissemens charitables. Ce Pacha après une longue guerre & de fréquentes batailles rendit le pays sous l'obéissance de son maître.

Dans cet heureux climat les Pachas éloignés de Constantinople jouissoient de gros revenus ; c'est pourquoi ils cherchoient à se faire une réputation & à gagner la faveur du peuple par des monumens utiles & magnifiques. On voit encore dans quelques villes de riches mosquées & de superbes tombeaux élevés par leurs soins. Ils firent aussi construire pour la commodité des voyageurs de très-beaux caravanserais, des chemins pavés dans

les

les montagnes escarpées, & des réservoirs dans lesquels les passans trouvoient de l'eau, élément bien rare dans plusieurs cantons de l'Arabie. Malgré tous ces soins le joug des Turcs déplaisoit aux Arabes. Les Yemenois ayant appris à manier les armes commencèrent à inquiéter de plus en plus leurs vainqueurs & à ne plus les regarder comme invincibles. Seiid Khassem, un des descendans de Mahomet, allié à l'ancienne famille des Imans, contribua sur-tout à l'expulsion des Pachas. Cet Arabe illustre gagna l'amitié d'autres Arabes indépendans, & avec leur secours il attaqua les Turcs & les chassa de ville en ville à-peu-près en 1630. Le règne de Seiid Khaſſem ne dura que neuf ans. Ce prince fit ſa réſidence à Schahara. Les Arabes d'Yemen l'appellent *Khaſſem Ekbir*, c'eſt-à-dire, le Grand; & il eſt le chef de la famille qui règne aujourd'hui à Sana.

Khaſſem le Grand eut dans ſes deux fils Iſmael & Haſſan deux héritiers de ſes vertus. Le premier gouverna après la mort de ſon père; mais tous deux travaillèrent de concert à délivrer leur patrie, & ils réuſſirent d'autant mieux que les Sultans de Conſtantinople commençoient à ſe dégoûter de cette province éloignée. En effet, comme les troupes Ottomanes étoient obligées de faire une ſi longue route, de passer sur les terres de tant de princes Arabes indépendans, ou de s'embarquer pour traverser le golfe dans toute sa longueur, les frais pour conquérir & pour garder ce pays en excédoient les revenus. Les Arabes ont mis Ismaël dans leur calendrier. Ils citent encore aujourd'hui que ce prince se contenta d'une femme, qu'il n'eut qu'une esclave chargée des occupations domestiques, & qu'il ne rougissoit pas de faire & de vendre pour sa propre dépense, de ces petits bonnets que portent les Arabes, afin de ne pas toucher aux revenus publics. J'ai bien entendu dire que quelques princes en Europe s'étoient livrés par goût à des occupations mécaniques, mais ils n'étoient pas sans doute preſſés de ce ſcrupule abſurde qui ne peut entrer que dans la tête d'un Arabe. En effet, ces princes étoient bien éloignés de cette parcimonie ridicule. Leur maxime étoit :

Le bien le mieux acquis eſt celui qu'on nous donne.

Pour revenir à Iſmaël, ce prince joignoit à ce déſintéreſſement biſarre un amour ardent pour ſa patrie ; auſſi trouva-t-il dans ſes compatriotes tous les ſecours néceſſaires pour reconquérir l'indépendance dont les Turcs avoient privé ſon pays.

Les deſcendans d'Iſmaël occupent encore à présent le trône d'Yemen. Ils ont fait plusieurs tentatives pour se rendre maîtres absolus dans leur patrie, & ils sont parvenus à l'asservir en partie, car les Arabes ont beaucoup dégénéré de leur valeur première. Cette contrée si célèbre a vu s'éteindre insensiblement le flambeau des arts depuis l'introduction de l'islamisme, qui les proscrit presque tous. Cette fatalité & d'autres circonstances dont je vous ai déjà parlé ont amené successivement la ruine du commerce ; de façon que l'Arabie, quoique riche de son propre sol, n'offre presque plus aujourd'hui ni agrément ni fortune au voyageur & au négociant, ni observations intéressantes au philosophe éclairé.

Cependant plusieurs cités de l'Arabie ont conservé quelques vestiges de leur grandeur antique : on distingue parmi elles Sana, ville ancienne & renommée, située sur la pente d'un terrain élevé, & dans un endroit agréable. La ville est traversée par une petite rivière que l'on voit quelquefois à sec. A une petite distance vers l'ouest il s'en trouve une plus considérable dont les bords sont couverts de vergers, de maisons de campagne & de villages. Du côté de l'est, tout près de la muraille, Sana est défendue par une citadelle batie sur la fameuse colline de Gamdam. Son enceinte n'est pas considérable.

On peut commodément faire le tour de la ville & de la citadelle en cinq quarts d'heure. Au-deſſus des trois portes principales ſont quelques canons que l'on tire les jours de fête, & il s'en trouve encore quelques-uns ſur une batterie de la citadelle qui ſont hors d'état de ſervir ; car l'artillerie des Arabes eſt généralement en très-mauvais état. Les Arabes ne font pas uſage de canons de campagne, & ils employent en qualité de canonniers pour ſervir le peu qu'ils en ont dans les citadelles, des Turcs vagabonds ou des renegats Indiens & Européens, dont la plûpart n'ont jamais tiré le canon. D'ailleurs le ſouverain d'Yemen n'a pas beſoin d'entretenir des vaisseaux de guerre, puisqu'il n'a rien à craindre du côté de la mer. Car sur le golfe d'Arabie on n'entend point parler de corsaires.

Sana est la capitale de tout l'Yemen & la résidence du prince. C'est sans doute à raison de ces deux prérogatives que l'on voit dans ses murs plus de bâtimens & de palais remarquables que dans les autres villes de cette contrée. Mais l'architecture des Arabes ne mérite pas d'être comparée avec celle des Grecs & des Italiens, ni d'être imitée par les autres peuples de l'Europe. Les mosquées, les tours, les bains publics, les caravanserais ornent en grand nombre la ville de Sana. On y chercheroit en vain des anciennes ruines, comme elle a toujours été fort habitée, le terrain y a toujours été affez rare. Cependant une montagne haute & efcarpée, nommé Nikkum, fituée près de la citadelle, préfente encore les débris d'une ancienne forte-reffe qui, fuivant l'opinion des Arabes, a été bâtie par Sem fils de Noé.

Ainfi l'on pourroit réduire à peu de villes le dénombrement des cités les plus remarquables de l'Arabie. Sana feroit la plus riche en édifices, Moka la plus commerçante, Suez une des plus paffagères, la Mecque & Médine les plus curieufes & les plus fréquentées. La patrie de Mahomet n'offre guère d'autres villes plus considérables. Les géographes citent encore Aden, Petra, Tor & Aftah, quoique ces villes comparées à celles d'Europe en obtiendroient à peine le nom.

J'aurois pu, Madame, égayer ma narration en vous faisant une longue nomenclature des villes & des villages dont les noms ont quelque analogie avec ceux qui sont cités dans l'écriture ; je réserve toute mon érudition pour le voyage de la terre sainte que je vais entreprendre ; mais je me propose auparavant de vous conduire sur les ruines de Palmyre.

LETTRE CCXXVI.

D'Alep.

La Turquie Asiatique, Madame, dans laquelle la Syrie est enclavée, est une des plus riches & des plus vastes contrées de l'univers. Elle est bornée à l'orient par la Perse, au midi par l'Arabie; l'archipel ou la mer de la Grece & celle de Marmora la baignent à l'occident; elle est encore bornée au nord par la Perse & la mer Noire.

Ses montagnes principales sont le Taurus dont la chaîne court d'orient en occident, & qui prend le nom de Caucase dans la Mingrelie.

Ses fleuves principaux font le Tygre & l'Euphrate, l'un & l'autre si renommés dans l'histoire ancienne.

Ses productions font tout-à-la-fois riches & variées; elles le seroient bien davantage si l'industrie des habitans secondoit les bienfaits de la nature; mais ils sont bien différens de leurs ancêtres qui avoient fait de ce pays un des plus beaux & des plus fertiles pays de la terre.

Vous vous attendez, sans doute, d'après cette indolence, à trouver dans presque toute la Turquie Asiatique des mœurs efféminées & corrompues; les arts & le commerce languissans, & dont on n'appercevroit

vroit même aucune trace, sans les nations de l'Europe dont les divers établissemens portent le nom d'E*chelles du Levant*.

La Turquie Asiatique est sous la domination du grand Turc; elle est divisée en sept parties dont chacune a son gouverneur particulier appellé *Beglier-Beg*, c'est-à dire, prince des princes.

Ces sept provinces sont :

L'Anadoli ou la Natolie, dont la capitale est Khiutaye ou Kutaich, sur le fleuve Sarabat & dont la ville la plus commerçante est celle de Smyrne avec un port très-fréquenté sur l'archipel ;

La Caramanie dont la capitale est Cogni ou Konich, situé près d'un lac du même nom, & qui étoit autrefois la capitale de la Lycaonie;

L'Arménie ou Turcomanie dont la capitale eſt Erzerum ſur l'Euphrate;

La Géorgie qui nourrit les femmes & les hommes les plus grands & les plus beaux de la terre, & qui a pour capitale Cotatis, ville ſituée ſur le Phaſe;

L'Algézira, qui étoit la Méſopotamie des anciens, & dont la capitale nommée Diarbékir, eſt ſituée ſur le Tygre dans une plaine riche & fertile.

Enfin la ſeptième province de la Turquie Aſiatique eſt la Sourie ou Syrie. Alep ſa capitale eſt bâtie sur quatre collines; les Turcs assurent qu'elle fut long-tems honorée par le séjour du prophète Elisée.

Quelques géographes comprennent sous le nom de Syrie tout le pays qui s'étend depuis le Taurus jusqu'à l'Arabie pétrée; mais le plus grand nombre divisent cette étendue en deux provinces qui sont la Syrie proprement dite & la Palestine.

La Syrie appelée Chams par les Arabes s'étend du nord au sud & présente dans cette longueur de hautes chaînes de montagnes. C'est dans un grand intervalle entre ces chaînes qu'est le pays appelé par les anciens Cœlo-Syrie ou Syrie creuse. En général ces montagnes portent le nom de Liban & d'Anti-Liban.

Quoique la Syrie soit soumise au Grand-Seigneur, les montagnes en sont habitées par un peuple que l'on appelle Druses & qui obéissent à une espèce de souverain sous le nom d'Emir. Cet Emir paie au Grand-Seigneur un impôt annuel qu'il lève sur sa nation. Il vit au milieu des montagnes avec son peuple qui ne doit qu'à cette position le bonheur d'échapper aux vexations des Turcs. La partie méridionale de ces montagnes porte le nom de Quesrouan.

La Syrie réunit également les productions des climats chauds & celles de ceux qui sont froids. Le blé, l'orge, le coton, le chêne, le pin & le sycomore y croissent avec un égal succès. La vigne, le figuier, le mûrier, le pommier & d'autres arbres de l'Europe y sont aussi communs que le jujubier, les figuiers, les bananiers, les orangers, les limoniers doux & aigres & les cannes à sucre. On y voit aussi les jardins ornés des productions communes aux deux climats.

L'industrie des habitans a fertilisé le sol des montagnes & en a fait un jardin agréable. Quantité de sources bien ménagées arrosent les mûriers qui forment le principal revenu de ce territoire, & qui n'exigent des habitans qu'un travail assez léger pour assurer leur subsistance. Après la foie, le vin est un objet principal du revenu de cette contrée qu'enrichissent aussi ses figues & ses olives.

La Syrie est appelée en Hébreu Aram du nom du plus jeune des fils de Sem. Aram est donc son nom primitif; mais les savans ne sont point d'accord sur celui de Syrie. Quelques-uns le font dériver d'un certain Syrus enfant de la terre, fable qui pourroit fort bien avoir tiré son origine d'une ancienne tradition, encore accréditée dans le pays, qui veut qu'Adam ait été créé en Syrie; d'autres font descendre le nom de cette contrée de Syrus fils d'Agenor; mais l'opinion la plus probable est que Syrie est une abréviation d'Assyrie, & que les anciens confondoient ordinairement ces deux contrées.

Quoi qu'il en soit, les anciens Syriens ou Aramites ne le cèdent peut-être à aucun peuple du monde en antiquité; ils ont été les premiers depuis le déluge qui aient habité la Syrie; mais la postérité d'Aram ne posséda pas seule ce pays. Leurs parens de la ligne de Canaan se trouvant trop resserrés dans les lieux où ils s'établirent d'abord, s'emparèrent d'une partie de leurs terres & en restèrent les maîtres jusqu'à ce que les uns & les autres se trouvèrent enveloppés dans la même captivité. Les anciens Syriens étoient donc descendus en partie de Cam & en partie de Sem, & les uns & les autres établis presque en même tems forment une des plus anciennes nations. Si vous voulez en croire une tradition reçue parmi ceux qui habitent présentement cette contrée, aucun pays de la terre n'a été peuplé avant le leur.

Les Syriens furent anciennement gouvernés par des chefs de famille nommés rois, & il y avoit dans le pays un grand nombre de ces chefs Ils furent soumis à la même forme de gouvernement, jusqu'à ce que le royaume de Damas parvint à la monarchie universelle de tous les pays situés des deux côtés de l'Euphrate. Ce royaume éprouva différentes révolutions & changea enfin avec la Syrie entière d'habitans & de maîtres. Cet événement signala le commencement de la puissance Assyrienne.

Les anciens habitans de la Syrie, ainsi que presque tous les peuples de la terre, vénérèrent long-tems des idoles. Rimmon, qui signifie grenade, avoit à Damas un temple très-fréquenté. Cette idole fit place à une divinité moins fantastique. Benhadad un des grands princes que les Syriens aient eu, fut déifié par ses sujets & devint leur dieu favori. Plusieurs des successeurs de Benhadad & sur-tout Hazaël, son fils, participèrent à l'honneur de l'apothéose; mais ces dieux & leurs autels furent abolis par Tyglatpilefer qui conquit la Syrie & en tranfplanta les habitans.

Les principales villes de Syrie remontent donc à la plus haute antiquité ; mais aucune n'a laiffé de plus beaux monumens de fon ancienne fplendeur que la ville de Palmyre. Ses ruines impofantes attirent encore une foule de voyageurs, malgré les difficultés multipliées qui pourroient refroidir leur curiofité.

LETTRE CCXXVII.

D'Alep.

Vous jugez, Madame, que les dangers d'une route longue & pénible ne me détournèrent pas de mon projet. Heureusement pour moi une caravane nombreuse pressée du même desir vint diminuer mes inquiétudes.

Cette caravane escortée par des Arabes me rendit sain & sauf à Palmyre, distante d'Alep d'environ quarante-huit lieues.

Les restes magnifiques que l'on voit actuellement à Palmyre sont trop superbes & trop frappans, pour que le voyageur reste long-tems dans l'indifférence sur l'état primitif de cette ville. Il veut savoir par qui elle fut fondée, comment son fondateur a pu choisir pour la construire un pays séparé du reste du monde par un désert inhabitable, enfin de quel côté ses habitans tiroient les richesses nécessaires pour la soutenir. Mais l'histoire ne fournit à peine sur Palmyre d'autres lumières que de simples conjectures. Le destin de cette ville est différent de celui de beaucoup d'autres; nous ne pouvons guère juger de ce qu'elle a été que par les magnifiques fragmens qui nous en restent; au lieu que l'histoire nous instruit suffisamment de l'importance de Troye, de Babylone, de Memphis & des revers de fortune que ces villes ont essuyés, sans qu'il reste une seule pierre qui en marque la situation.

Esdras, Jean d'Antioche, Abus-Faraï prétendent que Palmyre fut bâtie par Salomon, sur les lieux mêmes où son père tua le chef des Philistins, & en l'honneur de cette victoire mémorable. Le neuvième chapitre du premier livre des Rois & le huitième du second livre des Chroniques disent que Salomon bâtit une ville dans le désert & la nomma Tedmor ; & Joseph dans le premier livre de ses Antiquités nous apprend que les Grecs & les Romains lui donnèrent quelque tems après le nom de

Palmyre, mais que cependant les Syriens lui conservèrent toujours son premier nom.

Je suis bien loin d'admettre ou de réfuter l'antiquité de cette royale origine ; ce qui paroît surprenant, c'est que Palmyre n'ait commencé à jouer un rôle intéressant dans l'histoire qu'à l'époque du règne de Galien. Sous ce règne honteux la gloire Romaine s'obscurcissoit tous les jours de plus en plus en Orient, lorsqu'Odenat qui régnoit sur une partie de la Syrie, se joignant au parti de l'Empereur, rassembla les foibles restes des Romains vaincus en Syrie, les conduisit contre Sapor, roi de Perse, dont il mit l'armée en déroute & s'avança avec ses troupes victorieuses jusqu'à Ctesiphon, capitale de l'empire. Au retour de cette expédition, possesseur de richesses immenses, adoré des Romains qui le regardoient comme leur sauveur, il fut d'une voix unanime déclaré Auguste & associé à l'empire avec Galien.

Palmyre étoit la patrie de ce nouvel Auguste; mais l'histoire se tait sur le rang & la famille d'Odenat. Il étoit courageux & actif, dur à la fatigue & si habile politique qu'il maintint pendant long-tems la balance du pouvoir entre les empires de Perse & de Rome. La dernière action célèbre de cet Empereur fut de chasser les Goths de l'Asie mineure où ils avoient commis les plus violens outrages. Il fut tué par trahison dans cette glorieuse expédition.

La reine Zénobie son épouse lui survécut, & la fortune de cette princesse fut aussi variée & surprenante que son caractère fut grand & extraordinaire. Elle se disoit descendue de Ptolomée & comptoit Cléopatre au nombre de ses ancêtres.

Après la mort d'Odenat, Zénobie prit les rênes du gouvernement, & renonçant à l'alliance des Romains, elle attaqua & défit entièrement Héraclien, général Romain, qu'on avoit envoyé contre les Persans. Cette victoire lui assura la possession tranquille de la Syrie & de la Mésopotamie. On attribue sa rupture avec les Romains à la haine qu'elle portoit à leur vil Empereur. En effet, ce tyran l'emportoit sur Héliogabale pour la débauche & surpassoit Néron en cruauté.

Pendant que Claude successeur de Galien, occupé de rétablir la paix & la tranquillité dans l'empire, donnoit toute son attention aux affaires publiques, Zenobie s'assuroit un droit héréditaire à la domination de l'Egypte, en qualité de descendante de Ptolomée; &, s'y étant formé un parti considérable, elle envoya pour le soutenir Zabdas officier plein de zèle & de courage, & instruit dans l'art militaire par le vaillant Odenat. Ce général après avoir défait l'armée Egyptienne s'empara de la province, y laissa des troupes pour la maintenir dans l'obéissance, & revint ensuite à Palmyre.

Probus, préfet d'Egypte, de retour d'une expédition navale dont Zabdas avoit profité, chassa les Palmyréens de leur nouvelle conquête & défit leur général qui s'avançoit à leur secours. Mais, en voulant couper entièrement la retraite aux vaincus, il donna lui-même dans une embuscade, fut défait & resta prisonnier. Il se donna la mort pour ne pas survivre à sa disgrace & laissa Zénobie maîtresse de l'Egypte. Cette princesse ajouta dans la suite à ses états une grande partie de l'Asie mineure.

Les conquêtes de Zénobie, l'agrandissement de son empire, ses talens supérieurs méritent sans doute une place distinguée dans l'histoire. Une femme souveraine d'un état peu important, situé dans un désert, s'empare des domaines des Ptolomées & des Séleucides: au sud, l'Egypte reconnoît sa domination; ses conquêtes du côté du nord s'étendent jusqu'à la mer Noire & au Bosphore; une simple ville dont l'histoire est presque entièrement inconnue devient la capitale d'un empire très-vaste. A la vérité son règne ne fut pas long, elle vit bientôt toute sa gloire éclipfée & ses bâtimens superbes détruits & renversés.

Aurélien successeur de Claude, s'avança vers Palmyre & parvint à la serrer de fort près quoique la garnison fît une vigoureuse résistance. L'Empereur, lassé des opérations militaires, eut recours aux négociations & fit quelques offres à la reine Zénobie, qu'elle rejetta avec arrogance & mépris, en lui disant de se ressouvenir que Cléopatre son illustre ancêtre avoit préféré la mort au déshonneur. Cependant les assiégés réduits à la dernière extrémité, n'ayant plus d'autre ressource que de s'adresser aux Persans leurs alliés, Zénobie se chargea elle-même d'exécuter cette périlleuse expédition, mais elle fut prise en traversant l'Euphrate par un parti de cavalerie Romaine. Cette disgrace fut bientôt suivie de la reddition de Palmyre. Aurélien épargna les habitans, mais il enleva la meilleure part de leurs richesses & laissa dans la ville une garnison de six cens archers. Les Palmyréens ayant quelques années après taillé en pièces cette garnison, furent réduits de nouveau par Aurélien qui les fit tous passer au fil de l'épée & détruisit leur ville.

Ainsi périt cette ville magnifique, dont les ruines sont encore un des plus beaux monumens de l'industrie humaine. Ce ne fut qu'avec une forte de vénération que je m'approchai de ces antiques débris que le tems semble respecter.

LETTRE CCXXVIII.

D'Alep.

Palmyre, Madame, doit avoir été très-étendue si l'on en juge par l'espace qu'occupent ses ruines. Les habitans actuels de cette cité n'offrent à l'imagination & aux yeux qu'un spectacle affligeant. Composés de trente ou quarante familles, ils se sont construit de chetives cabanes dans une cour spacieuse qui contenoit autrefois un des temples les plus magnifiques de l'univers.

Cette cour qui est à l'extrêmité méridionale de la ville, est terminée par une haute muraille de grandes pierres quarrées & ornée de piliers en dedans & en dehors au nombre de soixante-deux. Les magnifiques corniches en ont été démolies par la barbare ignorance des Turcs qui ont privé les arts d'un des plus beaux ouvrages de ce genre, ce que prouvent les fragmens qui ont échappé à leur fureur. Le côté occidental de cette cour est entièrement détruit. Vers le milieu je remarquai les restes d'un vieux château qu'un de mes compagnons de voyage m'assura avoir été bâti par les Mammelucs, d'une partie des ruines entassées dans cet endroit. Ce château cache les restes d'un ancien édifice d'une beauté admirable. J'admirai sur-tout deux pierres de trente-cinq pieds en longueur, sur lesquelles le ciseau du sculpteur a représenté au naturel des vignes & des grappes de raisin. Ces deux pierres assises dans leur véritable place donnent à connoître que l'entrée étoit large de quinze pieds. On voit encore dans cette grande cour les restes de deux rangées de superbes piliers de marbre, haut de trente-sept pieds, ornés de chapiteaux d'une sculpture exquise, & dont l'impitoyable superstition des Mahométans fait encore regretter les corniches.

Cinquante-huit de ces piliers sont

font encore entiers ; ils doivent avoir été en bien plus grand nombre, car il paroît qu'ils faifoient le tour de la cour & foutenoient un double portique. Les arcades qui ornoient le côté occidental de ce portique placé vis-à-vis le frontifpice du temple, femblent avoir été les plus belles de toutes. Elles font à chaque bout deftinées à recevoir des ftatues dans toute leur longueur, avec leurs piédeftaux, leurs fupports & leurs pavillons, le tout embelli d'ornemens de fculpture. C'eft au milieu de cette cour que l'on voit les veftiges d'un temple fuperbe, ayant quatre-vingt-dix-neuf pieds de longueur fur quarante de largeur. Ce temple avoit une entrée magnifique à l'occident précisément au milieu du bâtiment. On y distingue des vignes & des grappes de raisin parfaitement bien faites ; au-dessus de la porte un aigle aux aîles étendues en occupe toute la largeur. Rien n'est debout dans ce temple que les murailles dont les fenêtres quoiqu'étroites le font plus par en haut que par en bas, & sur lesquelles la sculpture est prodiguée. Ce temple sert aujourd'hui de mosquée, hormis le bout septentrional où l'on trouve de précieux restes embellis d'ouvrages merveilleux de ciselure & de sculpture, & où l'on admire aussi un dôme de six pieds de diamètre, construit d'une seule pièce.

En quittant la cour & le temple mes yeux furent frappés d'un nombre étonnant de piliers de marbre répandus çà & là dans l'espace de plus d'un mille, mais dans une confusion si déplorable que des artistes mêmes ne sauroient déterminer l'usage auquel ils étoient destinés.

Vers le nord, en quittant le temple, j'apperçus un haut & magnifique obélisque, consistant en sept grandes pierres sans compter le chapiteau, & remarquable par une sculpture d'une rare beauté. Cet obélisque a plus de cinquante pieds de hauteur & douze pieds & demi de tour, immédiatement au-dessus du piédestal ; on peut présumer qu'il a servi autrefois de soutien à une statue. A l'orient & à l'occident de cet obélisque à la distance d'un quart de mille, sont deux piliers placés de manière à faire un triangle avec celui dont il s'agit. On lit sur le pilier oriental une inscription Grecque gravée par ordre du sénat & du peuple à l'honneur de deux patriotes.

A cent pas de cet obélisque on découvre une magnifique entrée très-large & très-haute, & dont l'art ne cède en rien à la beauté de tous les débris dont je vous ai parlé; mais elle n'a pas éprouvé un meilleur sort. Cette entrée conduit dans un riche portique long de plus d'un demi mille, & large de quarante pieds, formé par deux superbes rangées de piliers de marbre hauts de vingt-six pieds & de huit ou neuf pieds de tour. Cent vingt-six de ces piliers sont encore debout, mais si l'on en juge par l'emplacement, ils devoient être au nombre d'environ cinq cens soixante. La plupart de ces piliers sont chargés d'inscriptions gravées en caractères Grecs & Palmyréens. Cet endroit doit avoir été une des parties les plus fréquentées de la ville, tant par sa situation & sa magnificence, que parce qu'elle rappeloit journellement le souvenir de ceux qui avoient rendu quelque service considérable à leurs concitoyens, à leurs parens ou à leurs amis. C'étoit aussi dans ce lieu qu'on avoit placé les statues de ceux qu'on vouloit immortaliser. C'est ainsi, Madame, ou du moins je l'espère, que nos descendans admireront un jour en France, au lieu des statues de ces Rois sans gloire & de ces héros équivoques qui presque seuls ont exercé jusqu'à present la palette, le ciseau & le burin de nos célèbres artistes ; c'est ainsi, dis-je, que nos descendans admireront les figures de ces généreux patriotes qui, sans crainte pour leurs jours & méprisant également & les cabales impies des prêtres & la rage sanguinaire des grands, ont délivré leur pays du despotisme affreux sous lequel il gémissoit & rendu la liberté à leurs concitoyens.

Le bout le plus élevé de ce riche portique étoit enfermé par une rangée de piliers plus proches l'un de l'autre que les piliers latéraux; & l'on peut préfumer qu'il y avoit au-deſſus une ſalle de feſtin, quoiqu'il n'en reſte pas dans cet endroit le moindre veſtige. Mais un peu plus loin l'on découvre les ruines d'un ſuperbe bâtiment qui pourroit fort bien avoir ſervi à cet uſage. Ce bâtiment eſt conſtruit en marbre ſupérieur à celui du portique, & l'architecture en eſt auſſi plus élégante. Les piliers qui le ſoutiennent ſont tous d'une ſeule pierre ; ils ont vingt-deux pieds de longueur & huit pieds neuf pouces de circonférence. On a découvert parmi ces ruines il y a quelque tems une inscription latine.

Au côté occidental de ce portique sont différentes ouvertures qu'on suppose avoir été des portes qui avoient communication avec la cour du palais. Deux de ces portes atteftent encore leur ancienne magnificence par les superbes colonnes de porphyre qui leur servoient d'ornemens. Le tems & les barbares n'ont conservé que deux de ces colonnes. Elles ont environ trente pieds de longueur & neuf de circonférence, & le porphyre en est si dur qu'on a bien de la peine à en séparer quelque partie. Le palais est si entièrement démoli que l'imagination éclairée par l'art ne peut plus en asseoir les fondemens. Il paroît cependant qu'il n'a été détruit d'abord que par la force. Le tems a secondé les efforts des Mahométans & a entièrement détruit ce superbe édifice; seulement quelques misérables pans de murailles disent aux voyageurs qu'il a existé.

Me promenant ainsi de ruine en ruine, j'apperçus, si je puis parler ainsi, à l'orient de ce portique, une forêt de piliers de marbre; quelques-uns étoient encore entiers, d'autres dépouillés de leurs chapiteaux; mais tous étoient épars d'une manière si confuse qu'il me fut impossible d'en deviner l'ordre & l'édifice auquel ils avoient été consacrés.

Non-loin de ces piliers on découvre un petit temple ruiné qui paroît avoir été un ouvrage achevé ; l'entrée de ce temple regarde le midi, & au-devant est un portique de six piliers. Les piédestaux de ceux qui font face à la porte font remplis d'inscriptions Grecques & Palmyréennes, mais illisibles.

De tous ces débris vénérables qui font encore cependant l'ornement de cet endroit désolé, il n'en est point qui commande davantage l'admiration que les magnifiques sépulcres qu'on y rencontre. Ces tombeaux font des tours quarrées, hautes de quatre ou cinq étages & placées à chaque côté d'un chemin creux vers le bout septentrional de la ville. Ils s'étendent à un mille de distance & ressemblent de loin au clocher d'une église qui tombe en ruine. Plusieurs de ces tours quoique construites en marbre n'ont pu se soutenir & ont été affaissées sous le poids des années ou renversées par les barbares. Elles sont toutes de la même forme, mais d'une grandeur différente, à proportion sans doute de l'opulence de ceux qui les firent construire. Parmi les ruines d'une de ces tours on a trouvé les morceaux de deux statues, l'une d'un homme & l'autre d'une femme, dans la posture de personnes assises ou plutôt qui s'appuient. Après un examen attentif on a reconnu que leurs habits avoient plus de reſemb'ance avec les vêtemens Européens qu'avec les habillemens orientaux ; d'où l'on a conclu que les perſonnages repréſentés étoient Romains. Parmi cette multitude de tombeaux je n'en ai remarqué que deux qui fuſſent plus entiers que les autres. Les tours en ſont quarrées & ont cinq étages. L'intérieur eſt d'un très-beau marbre. Elles ſont embellies de ciſelures différentes, repréſentant des figures d'hommes & de femmes juſqu'à la poitrine, mais triſtement dégradées. Au-deſſous de ces figures ſont des caractères Palmyréens qui, dit-on, indiquent les noms des perſonnes dépoſées dans

dans ces tombeaux. Ces tombeaux font traversés du septentrion au midi, par une allée qui sert d'entrée. La voûte en bas est divisée de la même manière, & chaque côté est divisé en six parties, plus ou moins, dont chacune est capable de recevoir un des plus grands corps, & assez profonde pour en contenir au moins six ou sept mis l'un sur l'autre. Les mêmes subdivisions règnent au premier, au second & au troisième étage, mais la même méthode n'est pas observée dans les autres, parce que l'édifice, devenant plus étroit vers le sommet, n'est plus alors susceptible du même partage. Il n'y avoit point d'apparence qu'on mît des corps dans les appartemens élevés, si l'on en excepte celui du fondateur dont la statue enveloppée de ses vêtemens funèbres étoit placée dans une niche ou plutôt dans une fenêtre; & cette fenêtre étoit située dans la façade du monument, de manière qu'on pouvoit la voir en dedans & en dehors.

Voilà, Madame, tout ce que j'ai pu recueillir d'intéressant sur les ruines de Palmyre. Elles prouvent encore aujourd'hui que cette cité superbe fut une des plus belles villes de l'univers, & que la Syrie maintenant déserte & plongée dans l'ignorance étoit autrefois le centre des richesses & des beaux arts.

LETTRE CCXXIX.

D'Alep.

Il existe encore en Syrie, Madame, une ville remarquable par les superbes vestiges d'antiquité qu'elle renferme. Cette ville est Balbeck située à trois journées de Damas. J'ai voulu reconnoître par moi-même si l'admiration qu'ont excitée ses antiques monumens dans l'esprit de quelques voyageurs étoit fondée, & j'ai été convaincu que les ruines de Balbeck ne le cédoient en rien aux édifices magnifiques qui se trouvent à Athènes, à Rome & même en Egypte. Au milieu des ruines qui couvrent cette ville jadis si opulente, on est étonné de voir encore debout un grand temple qui a résisté par une espèce de miracle aux injures du tems & aux fureurs de la superstition. On est saisi d'admiration en considérant la hardiesse de la structure, la grandeur des dimensions & la richesse des matériaux. Tout le corps de ce temple, tel qu'il est maintenant, est environné d'un superbe portique appuyé sur des colonnes d'ordre corinthien. L'architrave & la corniche soutenues par ces colonnes sont des morceaux achevés. En faisant le tour de ce temple entre ses murailles & les colonnes qui l'environnent, on apperçoit pendant tout le chemin une arcade fermée par de grosses pierres, au centre desquelles est un dieu ou un héros représenté dans le dernier degré de perfection. Autour du pied de la muraille du temple même, est un double bord de marbre dont les parties inférieures font un bas-relief en miniature exprimant des mystères & des cérémonies du paganisme. Ces bas-reliefs exécutés avec la plus grande netteté offrent aussi un mélange merveilleux d'hommes & d'animaux.

L'intérieur du temple répond à son extérieur. On ne peut rien concevoir de plus auguste que son entrée. On y monte par trente degrés bornés de chaque côté par une muraille qui se termine à un piédestal fur lequel il faut croire qu'une ftatue étoit autrefois placée. Le frontifpice confifte en huit colonnes corinthiennes & dans un fronton triangulaire très-bien proportionné. Entre ces colonnes on découvre la porte du temple fous la voûte du portique qui a vingt-quatre pieds de profondeur & plus de foixante pieds de largeur. La proportion obfervée entre ces colonnes, leur diftance refpective, l'éloignement de la porte, tous ces accefsoires rendent également cette entrée majeftueufe. Le portail eft quarré, conftruit en marbre & orné d'une riche fculpture. Sa hauteur eft de quarante pieds, & fa largeur de vingt-huit. On eft à peine fous ce portail, qu'en élevant les yeux, on apperçoit le deſſous du linteau enrichi d'un chef-d'œuvre de ſculpture. C'eſt un grand aigle en bas-relief, ayant les aîles étendues & tenant un caducée dans ſes ſerres. De chaque côté eſt une renommée qui ſoutient le bout d'un feſton par un ruban, tandis que l'aigle ſoutient l'autre bout avec ſon bec.

Le temple eſt diviſé en trois compartimens formés par des rangées de colonnes corinthiennes. Les murailles ſont également ornées de deux rangées de colonnes vis-à-vis l'une de l'autre, parmi leſquelles il ſe trouve quelques niches d'environ quinze pieds de hauteur. Lé fond des niches eſt de niveau avec les bases des colonnes ; la muraille jusqu'à cette hauteur est ttavaillée suivant la proportion d'un piédestal corinthien, & les niches mêmes qui sont faites avec toute la délicatesse possible, sont du même ordre dans toutes leurs parties. Le chœur est séparé du reste du temple par deux belles & grandes colonnes quarrées, ce qui forme une magnifique entrée, & coriespond exactement avec l'entrée du temple. C'est ici que sont prodiguées les merveilles de la sculpture. Au fond du chœur est une prodigieuse niche de marbre, qui sans doute étoit l'asile de la principale divinité qu'on adoroit en ce lieu. La voûte de ce sanctuaire est un ouvrage hardi, divisé en compartimens, où le ciseau du sculpteur se fait par-tout admirer. Je ne finirois point si je prétendois détailler les beautés de tout genre que l'on remarque dans cet antique monument. L'architecture & la sculpture se sont réunies pour en faire un temple magnifique. Quoiqu'il soit présentement isolé, les ruines que l'on admire dans ses environs font présumer qu'il étoit autrefois environné d'autres édifices non moins superbes, mais qui sont entièrement démolis. On distingue cependant encore dans ces débris quatre escaliers de marbre, dirigés vers le temple & dont les degrés sont si larges que huit personnes peuvent les monter de front.

Il s'en faut bien que les villes modernes de Syrie préfentent le même fpectacle de grandeur & de magnificence. La capitale actuelle de cette contrée eft Alep, ville grande, affez bien bâtie & très-peuplée. On y compte foixante-quatorze quartiers, quatorze mille maifons, & beaucoup de mofquées & de bains publics.

Les gens du pays montrent avec complaifance deux endroits qu'ils prétendent avoir été habités par Abraham ; ces lieux font vifités avec une grande dévotion. Trois autres objets d'une vénération auffi profonde font une grotte dans laquelle ils croient que le même patriarche retiroit ſes troupeaux; & deux endroits où l'on dit qu'a demeuré le prophète Elie.

Une partie de cette ville eſt entourée de bonnes murailles conſtruites de pierre de taille, mais elles n'entourent pas les fauxbourgs qui ſont conſidérables. Les maiſons y ſont auſſi de la même pierre. On y remarque quelques moſquées & quelques caravanſerais ſuperbement bâtis, mais l'architecture en eſt irrégulière, biſarre & mal proportionnée.

Les Juifs & les Chrétiens nationaux logent dans un des fauxbourgs; les François ont un quartier dans la ville. Comme toutes les maiſons ont des terraſſes, on peut aifément communiquer de l'une à l'autre, excepté dans quelques endroits où il y a des murs do féparation. L'air d'Alep eſt falutaire & pur; auſſi les habitans couchent-ils en été fur les toits de leurs maifons, fans redouter aucun danger.

La rivière de Caié qui coule au nord de la ville roule une eau bourbeufe, mais qui contribue beaucoup à la beauté des jardins. Ils font plantés d'arbres fruitiers & accompagnés chacun d'une petite maifon où l'on va ordinairement paffer quelques jours de la femaine en été. Comme on ne peut tirer de l'eau de la rivière, on uſe de celle d'une fource qui eſt à quatre milles de la ville & qui s'y rend par un aqueduc. On attribue à la qualité de ces eaux les dartres dont les étrangers font ordinairement incommodés après quelque féjour dans Alep. J'ai eu le bonheur jufqu'à préfent d'échaper à cette maladie.

Le Pacha de la partie feptentrionale de la Syrie fait fa réfidence à Alep, fous le nom de Pacha ou Bacha d'Alep.

Cette ville eft l'entrepôt des marchandifes de Perfe & principalement des foies crues. Il s'y rend tous les ans de Baffora ou Bafra une caravanne qui eft un mois en route. Les Européens en tirent ce beau poil de chèvre d'Angora , dont on fait des camelots si fins. On y fabrique des étoffes qui se vendent dans toute la Turquie & même dans le reste de l'Europe. Il se fait aussi à Alep un grand commerce de pistaches ; on les cultive dans les vergers.

Le château d'Alep est au nord sur une éminence qui paroît avoir été élevée de main d'homme. Son fossé a près d'un mille de circuit.

On voit à un demi-mille d'Alep une autre éminence sur laquelle est un couvent de Derviches avec une très-belle mosquée couverte d'un dôme ; là sont aussi de très-beaux cyprès. L'effet en est d'autant plus agréable que tous les environs sont dénués de verdure.

Les tombeaux des Mammelucs sont au sud-est de la ville. Ces tombeaux sont proprement des mosquées qu'ils firent bâtir de leur vivant pour y déposer les corps de leur famille. Chacune de ces mosquées est accompagnée d'une cour, dont trois côtés sont ornés d'un portique soutenu par des colonnes & couvert d'un dôme. Le dernier prince de la race des Mammelucs tué devant Alep repose dans un de ces tombeaux.

Alep est aussi la résidence d'un consul général de France, qui a sous lui l'agent d'Alexandrette, ville qui est l'échelle d'Alep. Plusieurs consuls de différentes nations séjournent également dans cette capitale. On rencontre dans cette ville des habitans de toute religion & de toute secte. On y voit des chrétiens Grecs, Arméniens, Syriens & Maronites. Chaque secte a une église dans le fauxbourg appelé Judida ; car elles résident toutes dans ce quartier ou dans les environs. Le langage le plus usité parmi elles est l'Arabe. Les Turcs distingués ne parlent que la langue Turque. La plupart des Arméniens savent l'Arménien ; quelques Syriens entendent un peu le Syriaque & beaucoup de Juifs l'Hébreu; mais il n'y a presque pas un seul chrétien Grec qui entende le Grec ancien ou moderne.

On compte encore parmi les

villes remarquables de la Syrie, Antakié, appelée autrefois Antioche, ville située sur l'Oronte, assez près de la Méditerranée. Elle est grande & environnée de sources & de jardins. Ses murs, qui sont fort hauts, renferment cinq monticules & un fort. Antakié est arrosée par deux fleuves, l'Asi & l'Esued, qui ne forment qu'une seule rivière dans son enceinte. Les habitans disent qu'après Damas le plus beau pays de la Syrie est Antioche. Cette ville est renfermée par un mur de pierre de douze milles de circonférence & dominée par une montagne. Toutes les maisons y ont de l'eau & les côtes de la montagne offrent presque par-tout des terres labourables, des paturages & des jardins; enfin Antioche est environnée de métairies & de villages dont les terres sont très-fertiles. Quelques savans prétendent que les murailles de cette ville sont celles que fit bâtir Séleucus; mais d'autres plus sensés conjecturent avec plus de fondement qu'Antioche étoit plus voisine d'Alep qu'elle ne l'est actuellement, & qu'elle étoit jadis située dans un lieu où l'on voit beaucoup de ruines.

Tripoli est aussi une des villes considérables de la Syrie. Cette ville tire son nom du mot Grec *Tripolis* qui signifie trois villes. Et en effet il y avoit sur le promontoire où elle est placée trois colonies, situées originairement à un stade l'une de l'autre, & qui se réunirent dans la suite pour ne former qu'une seule ville. Elle étoit gouvernée par un Roi qu'y avoient établi les Sarrasins, lorsque Baudoin, Roi de Jérusalem, la prit sur eux après sept ans de siège. Cette première ville fut détruite par un tremblement de terre en 1170 ; on l'avoit un peu rétablie, lorsque les mêmes Sarrasins la détruisirent de fond en comble ; mais ils la rebâtirent quelque tems après.

La ville actuelle de Tripoli a environ deux milles de circuit. Elle est bâtie dans un fond & traversée par une rivière qui se déborde après les grandes pluies & cause beaucoup de dommage aux habitans. On prétend que le château de Tripoli a été bâti du tems des croisades. La mosquée que l'on y voit étoit autrefois une églife dédiée à faint Jean. La ville eft habitée par un grand nombre de familles Grecques ; elles y poffèdent une belle églife. Les Maronites y jouiffent du même privilège. La plupart des bafars de Tripoli, ainfi que prefque toutes les places occupées par les boutiques des marchands, paroiffent avoir été pratiquées dans l'emplacement des anciens couvens. Les religieux du faint fépulcre & les carmes du mont Liban ont des couvens dans cette ville. Ces derniers s'y retirent en hiver lorfque le mont Liban est couvert de neige.

Les marchandises que l'on tire de Tripoli, sont les soies crues, les étoffes de coton & de soie de Damas. Sa fabrique de savon, autrefois si renommée, est actuellement tombée. Les Anglois n'ont qu'une seule maison dans cette ville ; mais les François en ont plusieurs.

Tripoli est aussi la résidence d'un Pacha. Cet officier est obligé de fournir des provisions à la caravane de la Mecque, lorsqu'elle revient de son dévot & long pélérinage. Il va l'attendre à moitié chemin & part de Tripoli, le jour même qu'elle sort de la Mecque.

La rivière qui baigne cette ville prend sa source à l'est & dirige son cours le long d'une vallée étroite, la plus agréable que l'on puisse voir. On admire de l'autre côté de la rivière sur la croupe de la montagne un couvent de Derviches bâti dans une situation enchanteresse. Les jardins que l'on apperçoit dans cet endroit de tous les côtés sont ornés de quantité de fontaines & traversés par un aqueduc qui commence au pied du mont Liban. L'eau se rend par cet aqueduc composé de quatre arches dont la longueur est de cent trente pas. L'aqueduc a sept pieds huit pouces de large & sert de pont. Les deux arches du milieu, qui sont gothiques, ont été vraisemblablement rebâties; mais les autres sont fort belles & paroissent être beaucoup plus anciennes. On prétend que ce pont a été bâti ou plutôt réparé par Godefroi de Bouillon; mais on pense avec plus de probabilité que c'est l'ouvrage de Baudoin, Roi de Jérusalem.

Damas, ville ancienne, tient encore un rang distingué parmi les cités considérables de cette contrée. Elle fut pendant long-tems la capitale d'une partie de la Syrie, que l'on appeloit Damascène. Elle passa des Rois de Syrie aux Romains, de ceux-ci aux Empereurs Grecs, puis aux Arabes, & en dernier lieu aux Turcs.

Cette ville est entourée de murailles & les fauxbourgs sont plus grands que la ville. Mais l'intérieur ne répond pas à la beauté de ses dehors. Les rues en sont étroites. La plupart des maisons y sont bâties en pierres de taille jusqu'à une certaine hauteur au-dessus des fondations ; le reste est en brique. Elles ont fort peu d'apparence au-dehors ; mais celles des personnes riches sont fort ornées en dedans. En général elles sont sans fenêtres sur la rue. Les bazars de Damas sont fort beaux ; les rues en sont fort larges & quelques-unes d'entr'elles, destinées uniquement pour les gens de pied, sont voûtées ; ornement très-utile dans un pays exposé

exposé à une chaleur excessive. D'ailleurs l'eau est si abondante à Damas qu'il n'y a pas une maison qui n'ait une fontaine.

On voit à Damas un grand nombre de mosquées dont quelques-unes, sur-tout la principale, servoient d'église. Cet édifice, y compris les avenues & les logemens qui en dépendent, est une des belles choses que le zèle des premiers chrétiens ait jamais produites. Elle est d'architecture corinthienne d'un très-bon goût & d'une forme régulière.

J'ai remarqué plusieurs hôpitaux à Damas, mais je n'ai pas été peu surpris de voir que ces fondations pieuses servoient moins d'asiles aux pauvres & aux malades qu'aux fous. Les Turcs ont une vénération particulière pour cette classe d'infortunés. Ils leur prodiguent les secours, tandis que leur charité se réduit à distribuer aux indigens des vivres une fois la semaine, & des médicamens aux malades à certains jours marqués. Les lépreux ont aussi un hôpital & une mosquée à Damas, & comme cette sorte de maladie est très-commune aux environs de Damas, les chrétiens y ont aussi fondé un établissement en faveur de ces pestiférés.

Les cafés de Damas sont très-beaux. La plupart consistent en de grandes chambres, dont le lambris est soutenu par plusieurs colonnes, entre lesquels on a pratiqué des sophas. Il y a dans presque tous une cour sur le derrière : au milieu sont un bassin & une fontaine avec des sièges autour. Plusieurs de ces cafés ont un conteur payé pour débiter des histoires, ce qu'il fait avec beaucoup de facilité. On y exécute aussi de la musique. Ces cafés sont le rendez-vous de tous ceux qui ne boivent que de l'eau, du café & du sorbet. Mais la compagnie n'en est pas mieux choisie que dans les cafés Européens : on y rencontre un grand nombre d'intrigans & de gens oisifs.

Les fontaines publiques sont un des plus beaux ornemens de cette ville qui n'est pas moins embellie par ses jardins. Ils forment dans l'éloignement la plus agréable perspective. La plupart sont de grands vergers plantés d'arbres fruitiers, & arrosés par plusieurs petits ruisseaux. Plusieurs ont des bassins & des fontaines ornés de berceaux.

Damas est la résidence du patriarche d'Antioche qui a sous son obéissance quarante-deux archevêchés & évêchés. On compte dans cette ville vingt mille chrétiens tant Maronites que Syriens ou Jacobites. Mais ces chrétiens ne sont pas en général très-estimés. Ils ont tous les vices des Turcs avec cette différence qu'ils n'en rougissent pas comme eux.

Telles sont, Madame, les principales villes de Syrie. Je ne compte séjourner dans cette contrée qu'en attendant une occasion favorable pour visiter la Palestine. Ainsi mes observations sur les Syriens modernes seront très-peu étendues, & peut-être ne sera-ce pas leur principal défaut.

Fin du quinzième Volume des Voyages.

www.ingramcontent.com/pod-product-compliance
Lightning Source LLC
Chambersburg PA
CBHW050640170426
43200CB00008B/1091